L'ANCIEN COUTUMIER

DE

CHAMPAGNE

(XIIIe SIÈCLE)

PAR

ÉMILE CHÉNON

PROFESSEUR À LA FACULTÉ DE DROIT DE PARIS
ANCIEN ÉLÈVE DE L'ÉCOLE POLYTECHNIQUE

Extrait de la *Nouvelle Revue historique de droit français et étranger*,
N° de Mai-Juin 1907.

LIBRAIRIE
DE LA SOCIÉTÉ DU RECUEIL J.-B. SIREY ET DU JOURNAL DU PALAIS
Ancienne Maison L. LAROSE & FORCEL
22, *rue Soufflot*, 22
L. LAROSE et L. TENIN, Directeurs

1907

DU MÊME AUTEUR

Notice historique sur Châteaumeillant (Cher). Bourges, 1878, in-8°.

Notes archéologiques sur Châteaumeillant et ses environs. Bourges, 1878-1887, in-8°.

Étude sur les controverses entre les Proculéiens et les Sabiniens, Paris, 1881, in-8°. — Couronnée par l'Académie de législation de Toulouse (prix de l'Académie).

Le tribunal des Centumvirs. Paris, 1881, in-8°. — Thèse couronnée par la Faculté de droit de Paris (médaille d'or).

Les démembrements de la propriété foncière en France avant et après la Révolution. Paris, 1881, in-8°. — Thèse couronnée par la Faculté de droit de Paris (médaille d'or).

Origines, conditions et effets de la Cassation. Paris, 1882, in-8°. — Ouvrage couronné par la Faculté de droit de Paris (1re médaille d'or) et par l'Académie de législation de Toulouse (prix du Ministre de l'Instruction publique).

Étude sur l'histoire des alleux en France. Paris, 1888, in-8°. — Couronnée par l'Académie des Inscriptions et Belles-Lettres (concours des Antiquités nationales : 1re mention).

Histoire de Sainte-Sévère-en-Berry. Paris, 1889, fort volume in-8°. — Couronnée par l'Académie des Inscriptions et Belles-Lettres (concours des Antiquités nationales : 1re mention).

Étude historique sur le « Defensor civitatis », Paris, 1889, in-8°.

Les anciennes Facultés des droits de Rennes (1735-1792), Rennes, 1890, in-8°.

La loi pérégrine à Rome. Paris, 1891, broch. in-8°.

Les marches séparantes d'Anjou, Bretagne, et Poitou. Paris, 1892, in-8°. — *Note additionnelle*, Paris, 1896, in-8°.

L'ancien droit dans le Morbihan. Vannes, 1893, in-8°.

Chapitres divers sur l'histoire de l'Église, dans l'*Histoire générale* de MM. Lavisse et Rambaud, tomes II à XII, 1893-1900.

Les rapports de l'Église et de l'État du Ier au XXe siècle. Paris, 1905, in-16.

L'ancien Coutumier du pays de Berry. Paris, 1905, in-8°.

Notes archéologiques et historiques sur le Bas-Berry, *en préparation*.

BAR-LE-DUC. — IMPRIMERIE CONTANT-LAGUERRE.

L'ANCIEN COUTUMIER

DE

CHAMPAGNE

IMPRIMERIE
CONTANT-LAGUERRE
BAR-LE-DUC

L'ANCIEN COUTUMIER

DE

CHAMPAGNE

(XIIIe SIÈCLE)

PAR

ÉMILE CHÉNON

PROFESSEUR À LA FACULTÉ DE DROIT DE PARIS
ANCIEN ÉLÈVE DE L'ÉCOLE POLYTECHNIQUE

Extrait de la *Nouvelle Revue historique de droit français et étranger*,
N° de Mai-Juin 1907.

LIBRAIRIE
DE LA SOCIÉTÉ DU RECUEIL J.-B. SIREY ET DU JOURNAL DU PALAIS
Ancienne Maison L. LAROSE & FORCEL
22, *rue Soufflot*, 22
L. LAROSE et L. TENIN, Directeurs

1907

L'ANCIEN COUTUMIER
DE CHAMPAGNE

1. — Dans un ouvrage posthume : *Les Coustumes de Troyes en Champagne*, Pierre Pithou a publié pour la première fois un ancien coutumier champenois, composé de 66 chapitres et intitulé : *Li droict et lis coustumes de Champaigne et Brie que li roys Thiebaulx establi* (1). La majeure partie de ce coutumier, près des deux tiers, renferme des règles de droit civil; le reste est réparti par moitié entre la procédure et le droit pénal. Rien que par sa composition, cet ancien coutumier est donc intéressant. Il l'est encore par certaines de ses dispositions, dont les unes consacrent « le droit commun », dont les autres sont originales. Malgré ce concours de circonstances heureuses, l'ancien Coutumier de Champagne et de Brie n'a pas obtenu l'attention qu'il mérite.

Nous n'en avons pas encore d'édition critique. Legrand, dans ses *Coutumes de Troyes*, et Bourdot de Richebourg, dans le *Coutumier général*, se sont bornés à reproduire purement et simplement le texte de Pithou (2); or ce texte, en plus d'un

(1) PIERRE PITHOU, *Les Coustumes du bailliage de Troyes en Champaigne*, éd. par FRANÇOIS PITHOU (son frère), Troyes, Chevillot, 1609, in-4°. — Le texte de l'ancien Coutumier occupe les pages 433 à 467. Aux pages 603-606, sont indiquées les variantes relevées par Pithou dans les six manuscrits dont il dit s'être servi. A la page 607, se trouve un tableau de concordance des chapitres du Coutumier avec les articles des Coutumes de Troyes, rédigées en 1494 et publiées en 1509. L'ouvrage de Pithou a été souvent réédité : à Troyes, en 1628; à Paris, en 1629, 1630, 1635.

(2) LOUIS LEGRAND († 1661), *Coutumes du bailliage de Troyes avec des commentaires*, Paris, 1661, in-f°; autres éditions en 1681, 1715, 1737; — BOURDOT DE RICHEBOURG, *Coutumier général*, 1724, in-f°, tome III, p. 209-220. Bourdot reproduit en note les *variantes* données par Pithou et la *concordance* avec les Coutumes de Troyes; mais il n'a pas songé à ajouter la concordance avec

endroit, est défectueux (1). — D'autre part, les historiens généraux du Droit français ne lui accordent qu'une mention très brève (2), quand ils ne le passent pas tout à fait sous silence (3). Les historiens locaux eux-mêmes ne s'y arrêtent guère (4), et aucune monographie, à notre connaissance, ne lui est consacrée. Il en résulte que ce Coutumier est resté assez mal connu. Nous ne voulons pas dire par là qu'il ne soit pas utilisé, le cas échéant, et parfois très heureusement (5). Nous voulons simplement dire qu'on ne s'en est pas suffisamment occupé. — Nous n'avons, en somme, du plus ancien coutumier de la Champagne, ni une édition critique, ni une étude critique.

§ I. — Le Coutumier actuel.

2. — L'édition critique est cependant possible. Plus heureux en effet que pour l'ancien Coutumier de Berry, dont les quatre

les Coutumes de Chaumont en Bassigny, qui, on le verra, s'imposait tout autant.

(1) Cfr. par exemple le texte du chap. 20, § 1, donné par Pithou, avec le texte relevé sur les manuscrits par ANATOLE DE BARTHÉLEMY, *Recherches sur la noblesse maternelle*, dans la *Biblioth. de l'École des Chartes*, année 1861, p. 126, et M. MARCEL GRAU, *De la noblesse maternelle en France* (thèse). Paris, 1898, in-8°, p. 86-87 et p. 110-112.

(2) Onze lignes dans GLASSON, *Hist. du droit et des institutions de la France*, Paris, in-8°, tome IV (1891), p. 42-43; — quatre lignes dans GINOULHIAC, *Hist. générale du Droit français*, Paris, 1884, p. 616; — simple mention dans BRISSAUD, *Hist. génér. du Droit français*, Paris, 1904, in-8°, tome I, p. 292-293.

(3) Cfr. par exemple : ESMEIN, *Hist. du Droit français*, 3° édit., Paris, 1898, in-8°, p. 722-740; — VIOLLET, *Hist. du Droit civil français*, 3° édit., Paris, 1905, in-8°, p. 192-214, où sont cependant étudiés de nombreux coutumiers français; — et, ce qui est plus étonnant, BRUSSEL, *Nouvel examen de l'usage général des fiefs du XI° au XIV° s.*, Paris, 1750, in-4°, lequel avait une connaissance particulière des documents concernant la Champagne.

(4) D'ARBOIS DE JUBAINVILLE, *Hist. des ducs et des comtes de Champagne*, Paris, Durand, in-8°, tome IV (1865), p. 614; — BOUTIOT, *Hist. de la ville de Troyes et de la Champagne méridionale*, Troyes-Paris, in-8°, tome I (1870), p. 306, 410, 413, 435, — ne parlent de l'ancien Coutumier que d'une façon incidente.

(5) M. VIOLLET notamment en a fait un usage judicieux dans ses notes sur l'*Abrégé champenois des Établissements de saint Louis*; cfr. VIOLLET, *Les Établ. de saint Louis*, Paris, in-8°, tome III (1883), p. 151 et suiv.

manuscrits connus au XVIIe siècle paraissent perdus (1), nous connaissons aujourd'hui au moins *sept* manuscrits de l'ancien Coutumier de Champagne et de Brie (2), dont trois, sur parchemin, sont du XIVe siècle.

L'un de ces derniers a même une histoire. Après avoir fait partie de la bibliothèque des rois de France, le précieux manuscrit avait été donné par l'un d'eux à la « librairie commune » du couvent des Frères prêcheurs de Troyes. Ceux-ci, se souvenant que les biens monastiques sont inaliénables, avaient inscrit en tête de leur nouvelle propriété : « Istum librum, « quem dedit rex Franciae pro libraria communi fratrum con- « ventus Trecensis, ordinis praedicatorum, quicumque alie- « naverit poenam excommunicationis incurrat ipso facto, sicut « apparet per litteras papales, quorum tenor est in fine hujus « libri scriptus » (3). — En 1507, le manuscrit des Jacobins ornait encore leur « librairie », et jouait même un rôle dans les discussions soulevées entre les nobles et les roturiers de Champagne, lors de la rédaction des Coutumes de Troyes. Les nobles en font grand état : « Ledit livre des Coutumes étant « au convent des Jacobins, faict par feu Thibault, comte de « Champaigne, est tout autentique et bien ancien » ; il a été « authorisé et confirmé par plusieurs rois de France, comme « appert par l'inspection d'icelui ». Le procureur du roi au bailliage de Troyes, qui a intérêt à l'écarter, en conteste la valeur : « Et n'est ledit livre des Jacobins authentique en plus « que papier blanc, ne confirmé par le roy ne par la cour;... « c'est perdre temps que d'écrire telles choses qui ne sont « veritables en tout ne en partie » (4). Cela n'empêcha pas les nobles champenois de soutenir encore en 1509 que le Coutumier rédigé par Thibault avait été « *ad perpetuam memoriam,*

(1) Cfr. E. Chénon, *L'ancien Coutumier de Berry*, n° 1, dans la *Nouvelle Revue historique de droit français et étranger*, année 1905.

(2) Anatole de Barthélemy, *loc. cit.*, p. 125, en connaissait *quatre*. Grosley, *Recherches sur la noblesse utérine de Champagne*, Paris, 1752, in-12, en a vu *cinq* (p. 188). M. Grau, *ibid.*, p. 110, en signale *six*. Un *septième* existe à la Bibliothèque publique de Provins (ms. n° 29).

(3) Cfr. le *Procès-verbal de compulsoire*, *infrà cit.*, et le ms. n° 5256, fonds français, à la Bibliothèque nationale, p. 1, en tête.

(4) *Réponse du procureur du roi à Troyes aux contradictions des nobles* (1507), publiée par B. de Richebourg, *loc. cit.*, p. 281.

« pour la preuve desdites Coûtumes, mis en la librairie des « Jacobins de Troyes » (1).

Au XVIIe siècle, le manuscrit de Troyés avait abandonné la bibliothèque des Jacobins pour passer dans celle de Colbert. Il est raconté en effet, dans un procès-verbal de compulsoire concernant les Coutumes de Troyes (2), qu'en 1693, le 28 août, à 2 heures de relevée, M. Lefebvre, avocat du roi au Bureau des finances et Chambre du domaine de la généralité de Paris, se présenta devant M. Jean Vigneron, président du siège, étant porteur d'un arrêt qui ordonnait de collationner certaines copies des procès-verbaux de rédaction des Coutumes de Troyes, sur les originaux, alors conservés dans la bibliothèque de feu Messire J.-B. Colbert. Pour obéir à l'arrêt, le président Vigneron se transporta, avec M. Lefebvre et un greffier, « à l'hôtel dudit sieur Colbert, sis rue Vivien, paroisse Saint-Eustache ». Là les deux magistrats trouvèrent « maître Étienne Baluze, professeur royal des sacrés canons en l'Université de Paris, ayant la garde de ladite bibliothèque », lequel, sur leur réquisition, leur exhiba un petit volume in-f° couvert de parchemin, coté au dos « 2032 et coutume de Champaigne ». Ce petit volume renfermait divers cahiers, l'un en parchemin contenant douze feuillets, les autres en papier. Or le premier cahier, malheureusement mutilé, était « un fragment des anciennes coutumes de Champaigne », portant encore en tête la formule latine des Jacobins de Troyes, et à la suite les ordonnances royales « touchant les bourgeoisies et les nobles du comté de Champaigne à commencer en l'an mil trois cent quinze ». Le second cahier, « composé de quinze feuillets en papier d'ancienne écriture », contenait les mêmes coutumes de Champaigne. Venaient ensuite les pièces qui intéressaient les magistrats du domaine et qui ne nous intéressent pas (3). — Les deux manuscrits de l'ancien Coutumier champenois restèrent longtemps dans la bibliothèque de Colbert. Ils s'y trouvaient encore en 1724, à l'é-

(1) *Requête de Gaucher de Dinteville et consorts* (1509), publiée *ibid.*, p. 286.

(2) *Procès-verbal de compulsoire concernant les Coutumes de Troyes*, 28 août 1693, publié par Bouchot de Richebourg, *op. cit.*, p. 265 et suiv.

(3) Parmi elles se trouvent la *Réponse du procureur du roi* et la *Requête de Gaucher de Dinteville*, citées *suprà*.

poque où Bourdot de Richebourg publiait son *Coutumier général*. Il nous apprend en effet que l'abbé Milhet, bibliothécaire du comte de Seignelay, lui communiqua « avec toute la politesse imaginable », le volume sur lequel avait été fait le compulsoire de 1693 (1). Depuis, le vol. 2032 de la bibliothèque colbertine a passé à la Bibliothèque nationale. Le manuscrit sur parchemin a toujours ses douze feuillets ; malheureusement, les six premiers seulement contiennent des fragments du Coutumier (jusqu'au chap. 47 inclus) ; et parmi eux, il faut déplorer la perte des f^os cotés anciennement 2 et 7 (2). Le manuscrit sur papier, dont l'écriture accuse la seconde moitié du xve siècle, est au contraire très complet (3).

A la même Bibliothèque nationale, se trouvent encore : — 1° un autre manuscrit sur parchemin du xive siècle, très soigné, ayant fait anciennement partie de la bibliothèque de Notre-Dame de Paris (4) ; — 2° un manuscrit sur papier, écrit par un scribe italien en 1473, pour le maître d'hôtel du comte Cola di Campo-Basso, et ayant appartenu ensuite à Séguier,

(1) Bourdot de Richebourg, *ibid.*, p. 265.

(2) Ce *Codex Trecensis*, que nous désignerons par la lettre T, se trouve en tête du volume factice qui constitue le n° 5256 du fonds français à la Bibliothèque nationale. Il offre ceci de remarquable que les chapitres n'ont ni numéros ni rubriques. Ils commencent simplement par une lettrine à l'encre rouge, et sont séparés par une ligne de petits dessins à la même encre. Le ms. débute par ce titre : « *Ci commencent li droit et les coustumes de Champaigne que li roys Thiebaux establi. Premièrement* ». Pithou, qui était de Troyes, l'a certainement connu ; il lui emprunte son titre, en suit l'ordre (au moins jusqu'au chap. 47), et en reproduit en général le texte.

(3) Ce ms., que nous appellerons A, se trouve maintenant à la fin du vol. 5256 du fonds français de la Bibliothèque nationale, f°s 168-182. Il n'a pas de titre ; mais il est précédé d'une table des matières indiquant les rubriques de chaque chapitre. Pithou a dû le connaître ; car il reproduit la plupart de ses rubriques, mais il ne suit pas l'ordre des chapitres. Voici sommairement cet ordre, qui ne paraît pas primitif : ch. 1-6, 10-52, 61-66, 53-60.

(4) Ce manuscrit, que nous désignerons par la lettre M, est compris dans le vol. n° 25546, fonds français, à la Bibl. nat., dont il occupe les f°s 130-139. Il a pour titre : « *Ci commance li ordenemanz des coustumes de Champaingne* », titre suivi d'une table qui indique par erreur 61 chapitres ; il n'y en a en effet que 60, écrits sur deux colonnes. Chaque chapitre a en tête un numéro, un titre, et une lettrine à l'encre rouge. Presque toutes les rubriques des chapitres débutent par le mot *Comment*. Voici sommairement l'ordre suivi : ch. 1-6, 10-52, 61-65, 7-9, 53-60, 66.

puis à Mgr de Coislin, évêque de Metz, qui le légua en 1732 à l'abbaye de Saint-Germain-des-Prés (1); — 3° deux manuscrits sur papier du XVIe siècle, qui ont fait tous les deux partie de la bibliothèque de Colbert, où ils portaient les nos 138 et 2031; le premier a peut-être été en la possession de P. Pithou (2); le second, très défectueux, est l'œuvre d'un copiste ignorant à la fois la paléographie et le droit (3).

Un septième manuscrit enfin existe à la Bibliothèque publique de Provins, où il m'a été obligeamment communiqué par son savant conservateur, M. Justin Bellanger. Ce manuscrit, de petit format (4), tout en parchemin, très bien conservé, d'une belle écriture du XIVe siècle, avec titres de chapitres en rouge et lettrines ornées, est des plus intéressants (5). Il est

(1) Ce manuscrit, que nous appellerons B, est compris dans le vol. n° 19832, fonds français, à la Bibl. nat. En tête du volume, se trouve le *Style* de Pierre et Guillaume de Maucrueulx de Montaigu, fos 1-38; vient ensuite le *Coutumier* de Champagne, fos 39-46; puis une *Coutume* de Reims (fos 46-66) et diverses pièces, le tout de la même main et de la même encre. Au fo 69 vo, on lit : « Questo libro fo scritto al nome de Giovani Fagotello « maistro de casa dello magnifico signore conte Cola di Campo basso, el « quale fo compinto a Comarce terra dello supra ditto signore, nello anno de la Incarnacione 1473 die 10 de mayo anno ut suprà ». Les autres pièces qui suivent ne sont plus de la même main ou tout au moins de la même époque. Le Coutumier a pour titre : « *C'est le livre des droitz et des coustumes de Champeigne et de la terre de Champaigne. Cy s'ensuit la chartre* ». Les chapitres ne sont pas numérotés; ils sont séparés par des rubriques, débutant généralement par le mot *Comment*, et se suivent dans l'ordre que voici : chap. 1-52, 61-65, 53-60, 66.

(2) Ce manuscrit, que nous appellerons C, est compris dans le volume n° 5317, fonds français, à la Bibl. nat. Ce volume porte au dos la mention : *Mémoires de la Chambre des comptes de Paris*, et débute en effet par divers extraits des mémoriaux de la Chambre des comptes, des années 1380 et suiv. On lit en tête : « P. Pithou. Acheté à Paris le 15 mars 1579 »; mais il est difficile de savoir si cette note correspond seulement à ces mémoriaux ou au volume entier. Le Coutumier de Champagne occupe les fos 104-110. Les chapitres, dont les rubriques débutent en général par le mot *Comment*, se suivent dans cet ordre : chap. 1-5, 6-17 dans un grand désordre, 18-52, 61-65, 53-60.

(3) Ce manuscrit, que nous appellerons D, forme le n° 5257, fonds français, à la Bibl. nat. L'ordre des chapitres est le suivant : 1-6, 10-52, 61-66, 7-9, 53-60.

(4) Il mesure 17 centimètres de haut sur 13 de large.

(5) Les rubriques des chapitres débutent généralement par le mot *Comment*, comme dans les mss. M, B, C.

tout entier d'une seule main, et n'a d'ailleurs pas été terminé. Il comprend d'abord, du f° 1 au f° 20 v°, le texte du Coutumier que nous étudions, et du f° 20 v° au f° 43 v°, le texte des ordonnances de Philippe le Bel de 1302 et des ordonnances de Louis le Hutin de mai et mars 1315 (a. st.), relatives aux nobles de Champagne, ordonnances que Bourdot de Richebourg a publiées lui-même à la suite du Coutumier (1). Mais l'ordonnance de mars 1315 (a. st.) n'est pas complète; le scribe s'est arrêté brusquement au milieu de l'art. 10, et au milieu d'une phrase (2), bien qu'il lui restât encore du parchemin blanc. Le Coutumier porte simplement pour titre : « *C'est li liures de drois et des costumes de Champegne* », suivi immédiatement de la rubrique : « *C'est li charte de Champegne* », et du texte de l'ordonnance de Thibaut IV de 1224. L'ordre des chapitres, qui n'ont pas été numérotés par le scribe, est à peu près le même que dans l'édition Pithou; la plus grande différence consiste dans l'intercalation des chapitres 61-65 de Pithou entre les chapitres 52 et 53. Le chapitre 66 manque; mais on verra plus loin que cela n'a rien d'étonnant. Ce qui fait l'intérêt de ce manuscrit et justifie les détails dans lesquels nous entrons à son sujet, c'est qu'il est généralement très correct et qu'il paraît être le *plus ancien*. Une main inconnue a écrit en tête au XVIIe siècle : « *Hoc exemplar primum in ordine antiquitatis* » (3).

Nous n'en dirons pas plus long sur les manuscrits, n'ayant pas l'intention de donner ici l'édition critique du Coutumier, œuvre pour laquelle nous manquent à la fois la compétence suffisante et le loisir nécessaire. Nous nous bornerons dans les pages qui vont suivre à citer les chapitres d'après l'ordre adopté par Pithou et B. de Richebourg, mais en corrigeant leur texte à l'aide du manuscrit de Provins, ou parfois de quelque autre.

(1) Cfr. B. DE RICHEBOURG, *ibid.*, p. 221 à 236.

(2) Voici les derniers mots : « ... autrement vengié, li dis prevos ou serjans »; cfr. *ibid.*, p. 236.

(3) Ce ms. est entré à la Bibliothèque de Provins en 1868, par suite d'un legs particulier; il y porte actuellement la cote 29; mais au XVIIe siècle, il a fait partie d'une bibliothèque importante où il avait la cote 3713, qui se lit sur le 1er f°. Dans la suite de cette étude, nous désignerons ce *Codex Pruvinensis* par la lettre P.

3. — A défaut d'*édition* critique, ce que nous voudrions faire, c'est l'*étude* critique du document. — Tel qu'il se présente à nous dans l'édition de Pithou et de Bourdot de Richebourg, il comprend 66 chapitres, qui constituent, suivant l'expression très juste de ce dernier auteur, « une espèce de compilation d'*usages* et de *jugements* sur certaines matières coutumières » (1). Parmi les jugements reproduits, la plupart (23 sur 32) portent avec eux leurs dates, qui s'échelonnent de 1270 à 1295 (2).

Cet ensemble est-il homogène? Les rares historiens qui se sont occupés de l'ancien Coutumier de Champagne semblent le croire; tout au moins ne font-ils jamais de distinctions. C'était certainement l'avis des anciens auteurs, tels que Bourdot de Richebourg ou Grosley. Ce dernier appelle l'ancien Coutumier « la *charte* des Coutumes de Champagne, monument précieux des anciens usages de cette province », et croit qu'il a été « rédigé à l'usage des praticiens de Troyes vers le XIVe siècle » (3). Plus récemment, Beugnot s'exprime comme B. de Richebourg (4). Anatole de Barthélemy voit dans le Coutumier « un recueil formé par quelque légiste ou bailli de Troyes, pour se former une jurisprudence, alors qu'il n'y avait pas encore de coutumes écrites » (5). Pour M. d'Arbois de Jubainville, « l'ancien Coutumier date du commencement du XIVe siècle » (6). M. Boutiot exprime plus longuement la même idée : « Ce recueil n'a été formé que dans les premières années du XIVe siècle. Les décisions qu'il renferme sont datées, la plus ancienne de 1224 (7) et la plus récente de 1299 (?). Ce recueil, résumé de la jurisprudence du XIIIe siècle, réunit des arrêts de la cour des barons, des décisions de la cour des Grands Jours, et formule, à titre de droit et de coutumes, les

(1) B. de Richebourg, *loc. cit.*, p. 209, en note.

(2) L'un d'eux est daté 1299, dans l'édition imprimée (ch. 18); mais on verra que la vraie date, donnée par les mss. A et B, est 1289 (Appendice I).

(3) Grosley, *op. cit.*, p. 187.

(4) Beugnot, *Note* dans les *Olim*, tome II, p. 910.

(5) Anatole de Barthélemy, *loc. cit.*, p. 125.

(6) D'Arbois de Jubainville, *ibid.*, p. 614.

(7) La « décision » datée de 1224 n'est pas un jugement, mais la célèbre ordonnance du comte Thibaut IV, dit le Posthume, sur les successions nobles de Champagne.

usages admis en Champagne » (1); en dépit de l'impropriété de certains termes, il est visible que pour M. Boutiot le document édité par Pithou est homogène; aucune distinction n'est faite entre la compilation des usages et la compilation des jugements. On a la même impression en lisant les quelques lignes consacrées au Coutumier par M. Ginoulhiac (2) ou par M. Glasson, qui y reconnaît avec raison « une œuvre purement privée », mais croit, avec Grosley, « qu'il a eu en fait force de loi jusqu'à la rédaction officielle de la Coutume » (3).

Pour nous, au contraire, l'ancien Coutumier de Champagne et de Brie, tel que nous le livrent Pithou et B. de Richebourg, n'est certainement pas homogène. A la seule inspection des chapitres, il est facile de constater qu'il se compose :

1° D'une *ordonnance* rendue le 25 décembre 1224 par le comte palatin de Champagne et de Brie, Thibaut IV, dit le Posthume, « de l'assentement et du conseil de ses barons féaulx et chastellains », dont une trentaine sont nommés, et indiquant « comment li enfans masles desdicts chastellains et barons doivent partir entre eulx, c'est assavoir, combien li ainsnez doit prenre encontre les puisnez ». Cette ordonnance bien connue forme le chap. 1er du Coutumier; mais c'est le seul acte mentionné dans le recueil qui puisse être du comte Thibaut. Il n'y a donc pas à s'arrêter à l'intitulé que donnent certains manuscrits au Coutumier : *Li droict et les coustumes que li roys Thiebaux establi* (4). Il est inutile de démontrer en effet que le coutumier que nous étudions est une œuvre privée et non un recueil officiel, et que la date de 1224 ne peut convenir qu'à l'ordonnance précitée (5). Il s'est passé simplement pour l'an-

(1) Boutiot, *ibid.*, p. 306. — Cela n'empêche pas M. Boutiot de parler plus loin, à propos du chapitre 40 du Coutumier, « de l'ancienne Coutume de Champagne donnée par le roi Thibaut ».

(2) Ginoulhiac, *op. cit.*, p. 616.

(3) Glasson, *loc. cit.*, p. 42-43.

(4) Bibliothèque nationale, fonds français, ms. 5256, f° 1. — Cet intitulé avait induit en erreur au début du XVIe siècle les nobles de Champagne, qui croyaient que le Coutumier entier était l'œuvre de Thibaut et datait de 1224 [cfr. B. de Richebourg, *op. cit.*, p. 281 et 286]. Le procureur du roi à Troyes s'écartait encore plus de la vérité en disant (en 1507), que le Coutumier « est écript *trois cens ans* à et plus » (*ibid.*, p. 281).

(5) Cfr. la note de B. de Richebourg, *ibid.*, p. 209. — Le ms. P porte

cien coutumier champenois ce qui s'est passé pour les coutumiers privés désignés sous le nom d'*Établissements de saint Louis* et de *Grand coutumier de Charles VI*, en tête desquels on a placé aussi des ordonnances officielles qui ont longtemps donné le change sur le véritable caractère de ces ouvrages (1);

2° De 59 chapitres, dont 11 sont subdivisés, grâce à l'emploi du mot *Item*, en deux ou même trois paragraphes (2), ce qui donne en tout 72 paragraphes. Ces 72 paragraphes ont « un air de famille » très prononcé. Ils débutent tous (3) par l'une ou l'autre de ces formules archaïques: « Il est coustume en Champaigne... » (4), ou : « Coustume est en Champaigne... » (5), ou bien : « Encore use l'en en Champaigne... » (6). En outre, 20 chapitres se terminent par cette finale : « Et ainsi en use l'en généralement... » (7), ou plus simplement : « Et ainsi en use l'en... » (8);

3° De 5 chapitres, les chapitres 61 à 65, relatant avec détail des procès jugés dans les années 1285 (9) et 1289, et débu-

simplement : « C'est li liures de drois et des costumes de Champegne ». De même B.

(1) Cfr. GLASSON, *loc. cit.*, p. 540, note 3.

(2) Savoir les chap. 2, 14, 18, 20, 26, 28, 29, 31, 39, 42, 52.

(3) Sauf un, le chap. 58, qui est très court et doit être une glose marginale insérée là après coup. Il donne en effet au roi, à l'égard des aubains, une prérogative qui n'a pu lui appartenir, en tant que *roi*, que postérieurement à l'ordonnance de 1301 sur les aubains, et en tant que *comte* de Champagne, que postérieurement à 1284 : dans un cas comme dans l'autre on sort des limites chronologiques assignables au coutumier primitif. Nous pouvons donc laisser de côté ce chapitre parasite, auquel nous ne ferons plus allusion.

(4) Savoir les chap. 2, 4, 5, 7, 10, 12, 18, 20, 27, 31, 35, 41, 43, 51, 53, 54, 55, 56, 57, 59, 60.

(5) Savoir les chap. 3, 8, 14, 22, 24, 29-§ 1, 36, 39, 48, 49. *Adde* des formules équivalentes aux chap. 9, 15, 19, 42, 50.

(6) Savoir les chap. 6, 11, 17, 21, 23, 25, 26, 28, 29-§ 2, 30, 32, 33, 34, 37, 40, 42, 44, 45, 46, 47, 52-§ 1, 52-§ 2. *Adde* une formule équivalente aux chap. 13, 16, 38.

(7) Savoir les chap. 2, 5, 15, 16, 28, 29, 30, 31, 40, 48, 60.

(8) Savoir les chap. 4, 10, 11, 12, 21, 27, 35, 50, 57. Par exception, dans quatre autres chapitres (chap. 6, 17, 18, 20), la finale en question se trouve au milieu. Nous expliquerons plus loin cette anomalie (*infrà*, n° 4).

(9) Cfr. chap. 61 et 62. — Dans ces chapitres, on trouve, il est vrai, la date 1283; mais elle doit être rectifiée (*infrà*, App. I).

tant, les uns par ces mots : « Comme contens fust entre... » (1), les autres par l'indication de la date du litige (2);

4e Enfin du chapitre 66, qui ne ressemble en rien aux autres; il renferme simplement un règlement de police en 9 articles, relatif aux *étaux* de la petite ville de Châteauvillain et « enquis en l'an MCC. IIII XX et IIII par le conseil de France et de Champaigne », c'est-à-dire au moment même où Philippe le Bel devenait comte de Champagne du chef de sa femme, Jeanne de Navarre. Il est visible qu'il y a là un chapitre ajouté après coup au recueil, et dont nous n'avons pas plus à tenir compte que de l'ordonnance du comte Thibaut IV ajoutée en tête (3).

Il reste donc à nous expliquer sur les 64 chapitres, qui vont du n° 2 au n° 65 et qui constituent seuls « cette compilation d'*usages* et de *jugements* », dont parle B. de Richebourg.

4. — Tout est-il de la même main dans ces 64 chapitres? Nous ne le croyons pas. — Il faut d'abord séparer des autres les chapitres 61 à 65, dont l'allure et le style sont tout différents. Mais, à notre avis, cela ne suffit pas. En effet, dans les 59 chapitres que nous isolons ainsi, tout ne semble pas primitif. Il y en a 25 en effet qui se terminent par l'indication de *jugements* ou de *rapports*, dont 20 sont datés, explicitement ou implicitement. Or ces 20 jugements : 1° sont empruntés, comme ceux qui forment les chapitres 61 à 65, aux diverses juridictions de Champagne, assises des baillis, cour des barons, Grands Jours de Troyes; 2° sont généralement rédigés de la même façon, parfois avec des formules identiques; 3° appartiennent à la même période, le dernier tiers du XIIIe siècle. Tout cela incline à penser qu'ils ont été ajoutés après coup au Coutumier primitif, pour en « illustrer » les dispositions, par quelque praticien intelligent. Ce praticien a dû les écrire d'abord dans les *marges* et sur les feuillets blancs à la suite du manuscrit

(1) Savoir chap. 61, 63, 64.

(2) Chap. 62, 65.

(3) Ce chapitre 66 ne figure pas dans le ms. de Provins. Il figure, il est vrai, dans le ms. M, mais tout à fait à la fin et sans être numéroté comme les autres chapitres. Dans le ms. B, il est encore à la fin; mais dans les mss. A et D, il se trouve rattaché au groupe 61-65, intercalé (on l'a vu) par ces mss. entre les chap. 52 et 53.

qu'il possédait. Puis, les copistes, selon leur habitude invétérée, les auront fait passer dans le *texte*.

Cette hypothèse n'est pas seulement vraisemblable : elle est vraie. Il est possible de le démontrer. Dans certains cas en effet, la suture a été assez mal faite pour rester apparente.

1° Un premier exemple nous est fourni par le chapitre 9. Ce chapitre, très court dans sa partie primitive, nous apprend qu' « il est coustume en Champaigne qu'ès *descendues* de père « et de mère, un frères prent contre deux suers ». Il s'agit, on le voit, d'une succession en ligne *directe*. Or immédiatement après, on lit : « *Ceste* costume fut enquise à Troies, pour Mai- « dame Helisant d'Arceys, feme Monssr. Gautier de Merey, « qui demandoit à avoir *eschote* dou chatel de Chacenay, con- « tre Monssr. d'Arceys et Monsignr Erart et les autres freres ». Il s'agit cette fois d'une *eschoite*, c'est-à-dire d'une succession en ligne *collatérale*, et Madame Hélissende d'Arcis fut déboutée, à l'octave de la Pentecôte 1287, conformément à la règle posée, non pas par le chapitre 9, mais par le chapitre 8 du Coutumier, dont la fin même est reproduite par le jugement. C'est donc au chapitre 8 qu'aurait dû être rapporté cet exemple : ici, l'annotateur ou le copiste qui a fait passer l'annotation de la marge dans le texte s'est trompé de place (1).

2° Aux chap. 23 et 24, on peut noter une « distraction » analogue qui existe dans tous les manuscrits [P, T, M, A, B, etc.] : cette fois, l'énoncé d'un jugement a été coupé en deux. En général en effet, le compilateur des jugements les introduit par cette formule : « *Ce fut jugié* (ou : *rapporté*) », formule suivie de l'indication du lieu, de la date, et du dispositif. Après quoi, il ajoute : « *Ad ce jugier* (ou : *ad ce faire*) *furent* »,

(1) Dans les mss. P, T, M, B, il est vrai, les deux chapitres ne sont pas séparés, comme ils le sont dans A et D. Cela atténue, mais ne supprime pas la discordance. Voici, d'après P, le texte des deux chapitres : « [VIII] Costume est en Champ. que suer ne prant noiant en *eschoite* qui vient de costé contre les freres; c'est a savoir de costé (*lisez :* eschote) qui vient de fyé : ou de choses (*lisez* : en eschote) qui muevent d'alué ou de cencive, une suer prant contre frere. [IX] Encore est il costume que ès *descendues* de père et de mere, que un freres prant contre deux suers. Ceste costume fut enquise, etc..... Rapportei fut as octaves de la Pentechoste, l'an M. CC. IIII. XX et VII, que elle ni auroit noiant, se ce n'estoit d'alué ou de censive.... ».

formule suivie de l'indication des noms des juges(1). Or au chapitre 23, on trouve bien le début : « Ce fui jugié à Troies, l'an LXXI, etc... »; mais il faut aller chercher la suite au chapitre 24, où on lit : « Ad ce jugier fuerent... ». Là encore la suture est visible(2).

3° Elle apparaît également aux chapitres 6, 17, 18, 20. Nous avons fait remarquer plus haut qu'un grand nombre de chapitres se terminaient par la *finale* : « Et ainsi en use l'en generalement ». Or dans les quatre chapitres susdits, cette finale se trouve placée *au milieu*. Pourquoi? Parce qu'elle est suivie de l'indication d'un ou deux jugements, qui viennent corroborer la coutume énoncée dans le chapitre. Il est évident dans ce cas qu'il y a eu *addition*, et que primitivement la formule « Et ainsi en use l'en » se trouvait bien placée à la fin (3).

4° Enfin, — et ceci est à nos yeux décisif, — il y a telle disposition du Coutumier, qui a été forcément écrite à une époque antérieure à un grand nombre des jugements incorporés au recueil. C'est ce qui ressortira clairement des recherches que nous allons faire pour essayer de déterminer la date de la rédaction du Coutumier primitif (*infrà*, n°s 5, 6).

Nous nous croyons donc autorisé à conclure à l'indépendance de la compilation des *usages* et de la compilation des *jugements*. Pendant plusieurs années, l'ancien Coutumier de Champagne n'a été formé que de 59 chapitres (4), sans aucune indication de sentences judiciaires quelconques (5). Nous som-

(1) Cfr. chap. 5, 7, 9, 19, 20, 22, 36, 43. — Formules équivalentes aux chap. 13, 33, 44. — Ce sont les mêmes formules que celles qu'on trouve dans trois des chapitres ajoutés à la fin du Coutumier (chap. 61, 62, 63).

(2) Dans le ms. P, aux f°s 4 v° et 5, il y a une autre coupure de jugement (celui inséré au ch. 7), tout à fait semblable à la précédente; nous n'en faisons pas état, parce que les autres manuscrits ne la reproduisent pas.

(3) Cfr. chap. 5, où les *formules* sont ainsi disposées : « Il est coustume en Champaigne.... Ce fut jugé à Troyes... A ce faire furent... [Ainsi en use l'en generaulment en Champaigne] » : ici la formule finale est bien à sa place; mais il est à noter qu'elle ne se trouve pas dans le ms. P; elle a donc dû être ajoutée par un copiste ultérieur. Elle se trouve dans A, pas dans B.

(4) Ou 60, si l'on admet que l'ordonnance de 1224, qui forme le chap. 1er du Coutumier, a été ajoutée dès l'origine; ce qui est probable.

(5) Il y aurait en outre à retrancher çà et là quelques incidentes, qui coupent maladroitement la phrase et le sens, et qui proviennent sans doute de gloses marginales, insérées ensuite dans le texte. Par exemple, au chap. 2,

mes ainsi conduit à étudier séparément les deux compilations aujourd'hui mêlées.

§ II. — La compilation des Usages.

5. — *Quand, où, par qui* ont été compilées les coutumes de Champagne? Voilà trois questions auxquelles on aimerait avoir une réponse précise, qu'il nous est malheureusement impossible de fournir. En ce qui concerne la *date* cependant, on peut arriver à une approximation suffisante.

Il est certain d'abord que le Coutumier primitif est postérieur à l'ordonnance de Thibaut IV de 1224; car les solutions contenues dans le chap. 2, relativement aux partages entre enfants de vavasseurs, la supposent existante.

D'autre part, on peut induire du texte du chap. 40 que le Coutumier est antérieur à une ordonnance de Philippe le Bel, rendue en 1290. Il s'agit dans ce chapitre du privilège qu'avaient alors les veuves d'opter entre la juridiction ecclésiastique et la juridiction laïque, quand il s'agissait d'actions personnelles les concernant ou d'actions quelconques concernant leur douaire. Le principe à cet égard avait été nettement formulé par Philippe Auguste dans une ordonnance de 1204, rendue de concert avec ses barons. D'après cette ordonnance, la veuve, qui voulait décliner la juridiction du seigneur local, pouvait à son choix recourir à la justice ecclésiastique ou à la justice du roi. L'ordonnance ajoutait, — ce qui était important, — que la veuve pouvait opter, s'il s'agissait de son douaire, dans *tous* les cas, même dans celui où l'action visait un fief(1). Ce dernier cas

il est évident que la phrase primitive se déroulait ainsi : « Li ainsnez des freres prent la quelque maison que il vuelt hors part, et tout l'avantaige des fossez, se elle est close de fossez ». L'incidente : « C'est assavoir une du costé du père et une du costé de la mère, etc... » est une glose interpolée. Le ms. de Provins ne la contient pas (cf. P, f° 2-v°). — *Adde* ce qu'on a dit plus haut du chap. 58. — Mais nous ne pouvons ici entrer dans ces détails, qui n'ont pas d'utilité immédiate pour le but que nous nous proposons.

(1) *Ord. de 1204*, art. 1 : « Praeterea volunt rex et barones, quod vidua possit conqueri regi vel ecclesie de dotalitio suo; et si conquesta fuerit ecclesie, et ille a quo petit dotalitium dicat quod respondebit coram domino de quo *feodum* movet, ecclesia potest cogere ipsum ad respondendum et decidere causam inter eos de jure ».

aurait pu faire doute, parce qu'en principe la compétence *ratione materiae* des seigneurs primait toute autre compétence relativement aux matières féodales ou censuelles; elle s'imposait même aux clercs, et même aux veuves plaidant pour leurs *propres* : le droit canonique lui-même admettait ce principe (1). Il n'y avait d'exception que dans la matière éminemment favorable du *douaire*, et dès 1220, Honorius III en prenait acte (2).

L'ordonnance de Philippe Auguste fut certainement publiée en Champagne; car c'est précisément sa solution que reproduit le chap. 40, qui semble calqué sur elle : « On use en Champegne que toutes femes veves ont chois que elle ne respondent ne ne doivent respondre, se elles ne vuellent, a nulle action personnel, ne de riens qui apparteigne à lour douaire, se par devant le roy non ou par devant l'Eglise, lequel que elles veulent; et en lors douaires, lor [corps] et lour biens, puet faire esgarder par le roy, tout soit ce que li douaires mueve d'autre signour dou fyé. Ainsis en use on generaument. » Il n'y a là d'ailleurs rien d'étonnant : en 1204, le comte Thibaut IV était en bas âge; sa mère, Blanche de Navarre, régente de Champagne, se trouvait dans une situation difficile, qui lui commandait de se montrer docile envers son puissant suzerain et protecteur Philippe Auguste (3). Mais ailleurs les seigneurs féodaux avaient réagi, et dans bien des régions où l'ordonnance de 1204 aurait dû être suivie, elle ne l'était plus. En Touraine-Anjou, dès 1246, les veuves peuvent recourir au *baron* comme au roi (4), ou même, en 1267, à l'exclusion du roi (5). Ce dernier système triomphe en Pari-

(1) Cfr. en ce qui concerne les clercs : Alexandre III, dans les *Decret. Gregorii*, II, 2, ch. 6, 7; et en ce qui concerne les veuves plaidant *de hereditate* : Innocent III, *ibid.*, ch. 11.

(2) Cfr. *ibid.*, ch. 15.

(3) Sur la régence de Blanche de Navarre, cfr : D'ARBOIS DE JUBAINVILLE, *op. cit.*, t. IV, p. 101 et suiv., et p. 572.

(4) *Anc. Coutume de Touraine-Anjou*, art. 11 (pour les femmes *nobles*) : « Gentis fame puet bien plaidier de son douaire en la cort le roi, ou en la cort à celui en qui chastelerie il sera, ou en la cort de Sainte Iglise; et en est en son chois »; — art. 126 (semblable, pour les femmes *costumières*). — Cfr. *Etabliss. de saint Louis*, ch. 20 et 137 (édit. VIOLLET) : même texte.

(5) *Olim*, t. I, p. 703, arrêt de 1267, relatif à l'Anjou.

sis (1) et en Beauvoisis (2). Ce qui est plus significatif, ce sont les réclamations des seigneurs locaux revendiquant la justice sur les terres « endoairées » quand elles sont de leur fief (*de feodo suo*) : en 1264, le comte de Nevers obtient satisfaction (3); en 1267, le seigneur de Montmorency n'échoue que parce que le roi, dans le bailliage de Vermandois, avait conservé intacte sa prérogative (4), grâce peut-être à une ingénieuse théorie de Pierre de Fontaines (5). Enfin la question fut tranchée par Philippe le Bel. Par hostilité contre la juridiction ecclésiastique, il rendit en 1290 la compétence aux seigneurs féodaux relativement aux fiefs tenus d'eux par les douairières, dans tous les cas « où un service personnel était dû par ces fiefs » (6). Comme Philippe le Bel était alors comte de Champagne du chef de sa femme, l'ordonnance de 1290 reçut forcément son application dans le comté. Si donc le chap. 40 de l'ancien Coutumier n'en parle pas, c'est que cet ancien Coutumier est antérieur à 1290; on peut même ajouter, en présence des faits relatés ci-dessus, *sensiblement* antérieur à 1290 (7).

Cette impression est confirmée par deux passages des chapi-

(1) *Olim*, t. I, p. 756, arrêt de 1269, concernant la veuve du châtelain de Beauvais.

(2) Beaumanoir, X, 12 (éd. Salmon, n° 306).

(3) *Olim*, t. I, p. 596 : « Domina autem dicebat..... et maxime quia, de consuetudine, domine, de dotaliciis suis, possunt trahere ad ecclesiam vel ad dominum regem, prout volunt : demum,..... reddita fuit curia sua ipsi comiti ».

(4) *Olim*, t. I, p. 702.

(5) Pierre de Fontaines, *Conseil à un ami*, XXI, 45, soutient que les douairières n'ont pas la saisine de leur douaire par leurs maris, mais en vertu de l'ordonnance de 1204 : « Mès porquoi les sostient nostres usages en ce; quar eles n'ont mie douaires par lor mariz, ainz ont tele seisine par l'establissement le roi Phelippe, *qui tot le plet doit avoir de son estaoblissement*, etc... »

(6) *Ord. de* 1290, art. 8 : « Verumtamen, ... si dos aut dotalicium *ad personale servitium* teneatur, cognitio hujus ad secularem dominum pertinebit ».

(7) L'Abrégé champenois des *Etabl. de saint Louis* s'écarte ici de son modèle et dit simplement : « Fame à coustumier a la moitié de l'heritaige son seignor an *douaire;* ..... et am puet plaidier an la cort au seignor dou leu ou an la cort de Sainte Esglise (art. 73). » C'est un peu vague; mais cela paraît plus conforme à l'ordonnance de Philippe le Bel qu'à celle de Philippe Auguste, ce qui permet de croire cet ouvrage postérieur à 1290. M. Viollet (*Etabl.*, t. I, p. 327) le localise entre l'année 1278 et les premières années du XIVe siècle.

tres 33 et 43, où il est question simultanément d'assurement donné « en court de roy ou de prince ou de autre seigneur », et d'appel formé « devant le roy ou devant le prince », passages où le mot *prince* ne peut s'appliquer qu'au comte de Champagne, et où celui-ci apparaît comme *distinct* du roi. La jonction des deux titres de roi et de comte s'étant produite en 1285 sur la tête de Philippe le Bel, on est amené à conclure que le Coutumier primitif est antérieur à cette dernière date.

6. — Ce n'est pas tout. Une certaine incohérence que l'on relève dans le chapitre 32, relatif au « bris d'assurement », va nous permettre de préciser davantage. Il est dit dans ce chapitre, qu'en cas de bris d'assurement, crime considéré au XIIIe siècle comme étant des « appartenances du meurtre » (1), le coupable, « si il puet estre prouvés ou seu », sera « en la volenté dou signeur. li cors de lui, tuit si biens muebles, et ses heritages » : il peut donc être condamné à mort. Si le texte se terminait là, il ne soulèverait aucune difficulté; mais il s'achève ainsi : « Et chient ces fais en enqueste, tout soit ce qu'il (*l'accusé*) ne s'y mette » (2). Ce dernier membre de phrase, — évidemment ajouté au texte primitif, — fait allusion à cette procédure, nouvelle au milieu du XIIIe siècle, qu'on appelait *enquête* ou encore *aprise*. Destinée à remplacer les « gages de bataille », c'est-à-dire le duel judiciaire, propagée à cause de cela par saint Louis, l'enquête ne parvint pas du premier coup à son plein développement. Sous saint Louis notamment, elle ne permettait pas au juge de condamner à une peine atteignant le corps ou les héritages propres du coupable, si celui-ci ne l'acceptait pas, ou suivant la formule consacrée, « *s'il ne se mettait pas en enquête* ». Dans ce dernier cas, il ne pouvait être condamné qu'à une amende, à la prison, ou au bannissement.

C'est ce qui résulte très nettement des documents suivants :

(1) *Arrêts du Parlement*, Pentecôte 1268 : « Determinatum fuit quod, cum fraccio assecuracionis sit sequela multri, justitia hujusmodi pertinet ad regem, etc. »; — Toussaints 1268 : « ... cum rex ibi multrum retinuerit, et fraccio assecuracionis sit de pertinenciis multri, hujus facti cognicio, etc... » [*Olim*, tome I, p. 718 et 728].

(2) Texte de T : « Et il puet estre sceu, il est en la voulenté du seigneur, corps et avoir, et chient tous ses fais en enqueste, tout soit ce qu'il ne s'y mecte ». Même finale dans M, A, B.

— 1° un arrêt rendu en 1259 par le Parlement, contre un chevalier nommé Nicolas de la Motte, coupable précisément de bris d'assurement : il est dit qu'il sauva « sa vie, ses membres, ses héritages, parce qu'il ne s'était pas soumis à l'enquête » (1); — 2° le procès d'Enguerran de Coucy, rapporté par le confesseur qui écrivit la vie de saint Louis : Enguerran de Coucy, accusé de meurtre, avait, lui aussi, refusé l'enquête, et le roi n'avait pu le condamner qu'à une amende (2); — 3° un passage du *Livre de Jostice et de Plet*, écrit vers 1260 (3), et un autre des *Etablissements de saint Louis*, écrit au plus tard en 1273 : tous deux défendent de « dampner » ou « condampner à mort », et permettent seulement de « forbannir », même en matière de « sang », celui qui n'a pas voulu « se mettre en enquête » (4). Beaumanoir, qui écrivait en 1283, semble être le premier auteur qui ait réagi contre cette règle, et qui ait admis qu'une condamnation quelconque était possible après enquête même non acceptée, au moins quand le méfait était notoire (5).

En tout cas, vers 1285, les seigneurs justiciers et les baillis de Champagne ne faisaient plus difficulté de condamner même à mort sur simple aprise. Une cause célèbre de l'époque, dont les pièces ont été publiées par Brussel (6), en fait foi. Il s'agissait d'un malheureux « hôte », nommé Huart Baudier, couchant et levant sur les domaines de la dame de Chassins, qui fut accusé d'un meurtre et malgré ses dénégations pendu par ladite dame, après une aprise, « laquele aprise faite [diligemment] fut raportée en sa court par devant chevaliers, es-

(1) *Olim*, tome I, p. 89 : « Capiatur corpus ipsius (Nicholai), et teneatur quousque factum istud emendaverit domino regi, salvis tamen eidem vita sua, membris suis, et hereditate sua, quia non supposuit se isti inqueste ».

(2) Cfr. Esmein, *Histoire de la procédure criminelle en France*, Paris, 1882, in-8°, p. 85-87.

(3) *Jostice et Plet*, XIX, 45, § 1 : « Enten que nus n'est dampnez par enqueste, se il ne s'i met »; cfr. XIX, 44, § 4.

(4) *Etabl. de saint Louis*, éd. Viollet, II, 17.

(5) Beaumanoir, XXXIX, 12; XL, 14 : LXI, 20. — Cfr. J. Tardif, *L'ordonnance de saint Louis sur le duel judiciaire*, Paris, 1887, br. in-8°, p. 6; — et Esmein, *L'acceptation de l'enquête au Moyen-âge*, Paris, 1888, br. in-8°, p. 6.

(6) D'après le *Registre des Grands Jours de Troyes* de 1284 à 1295, fos 39, 60, 71, 87, 93 v°. 95, 112 v°; dans Brussel, *ibid.*, p. 222 à 229, 268-269, en note.

cuiers, et autres assez de prud'homes » (1). Les filles du condamné essayèrent à diverses reprises de faire réhabiliter sa mémoire. Elles y parvinrent ; mais les Grands Jours de Troyes, saisis de l'affaire, mirent hors de cause en 1287 la dame de Chassins, ne trouvant pas qu'elle eût excédé ses droits, ni méconnu la procédure alors admise (2). Ce n'est qu'un peu plus tard que les nobles de Champagne, comme ceux de Bourgogne, se révoltèrent contre cette pratique, et obtinrent de Louis le Hutin, en 1315, qu'on y renoncerait, et « que si aucun noble de Champaigne estoit pris, pour souspesson de cas de crime, ... il se pooit deffendre par gaige de bataille, se il ne se voloit mectre en enqueste ;.... et se aucune aprise se faisoit contre li, que par cette seule aprise, il ne soit damnez, ne jugiez » (3). On revenait donc en 1315 à l'ancien droit, c'est-à-dire à l'insuffisance d'une enquête non acceptée pour entraîner une condamnation.

Que conclure de cet historique ? C'est que la finale du chapitre 32 n'a pu y être insérée que sous Philippe le Bel, à l'époque où l'enquête avait des effets complets, probablement au moment du procès de Huart Baudier ; mais qu'il est inadmissible qu'elle l'ait été sous saint Louis, alors qu'il suffisait de refuser l'enquête pour sauver « sa vie, ses membres, et ses héritages » (4). L'état de choses décrit par le chapitre 32, débarrassé de sa finale, nous semble donc correspondre exactement à la période antérieure au procès de Nicolas de la Motte, c'est-à-dire à 1259.

La même date convient très bien à l'état d'avancement de diverses institutions, dont on pourrait encore tirer argument, par exemple de la mainmorte servile (5), du droit de poursuite

(1) Cfr. Brussel, *ibid.*, p. 228-229.

(2) *Ibid.*, p. 229.

(3) Voir le texte dans B. de Richebourg, *ibid.*, p. 234. art. 13. et p. 235, art. 8. — Cfr. *Coutumier d'Artois*, éd. Ad. Tardif, XLX, 4, p. 104.

(4) Cfr. *Olim*, tome I, p. 89, arrêt de 1259.

(5) Il résulte du chapitre 60 que le seigneur prend la mainmorte, si le serf meurt « senz hoirs de son corps ou il ait esté partiz de ses hoirs ». Un arrêt du parlement de 1272 donne la même solution à propos de l'évêque de Châlons, qui prend la mainmorte quand les enfants sont « *extrà mainburniam patris* » (*Olim*, t. I, p. 396). — Du chapitre 29, il résulte au contraire que le seigneur prend la mainmorte quand un serf meurt ne laissant que des

des créanciers (1), de l'appel à la justice supérieure (2), et aussi de l'ensemble de la procédure et du droit pénal, tel que le révèle le Coutumier. Il appartiendrait ainsi à cette période d'activité juridique qui a marqué la seconde moitié du règne de saint Louis, et qui a vu naître le *Grand Coutumier de Normandie* (vers 1250), le *Conseil à un ami* de Pierre de Fontaines (entre 1253-1258), le *Livre de Jostice et de Plet* (vers 1260). — Si nos conclusions sont exactes, la « compilation des usages » qui forme le fond primitif du Coutumier de Champagne a été rédigée, soit à la fin du règne de Thibaut IV le Posthume (✝ 1253), soit au début du règne de son fils aîné et homonyme Thibaut V (1253-1270) : ainsi se justifierait dans une certaine mesure le titre que quelques manuscrits lui donnent.

frères, « tout soit ce qu'il soient parti ou qu'il ne le soient pas, li uns des autres ». — Conclusion : à l'époque du Coutumier, la communauté taisible est déjà admise entre père et fils, mais ne l'est pas encore entre frères. Cela convient bien au milieu du XIIIe siècle.

(1) D'après le chapitre 60, le seigneur, qui recueille les biens de son serf par droit de mainmorte, n'est pas tenu de payer ses dettes, s'il renonce à ses meubles ; s'il les prend, il doit au contraire payer toutes les dettes, « pour raison des meublez ; et pour les heritages, ne paieroit il riens » (cfr. chap. 12). De même, un vassal ne peut pas engager son fief à ses créanciers sans le consentement du suzerain ; tout ce qu'il peut faire, c'est de leur en promettre les « yssues » pour trois ans au maximum. — Conclusion : à l'époque du Coutumier, les créanciers ne pouvaient poursuivre que les meubles de leur débiteur et par surcroît trois années des revenus des fiefs. Or deux jugements rendus par saint Louis en 1259 et 1257 déclarent que les héritages ne seront pas vendus pour satisfaire les créanciers, mais que « *per viam equitatis* », ils pourront être payés sur les revenus [*Jostice et Plet*, VIII, 3, 5 ; *Olim*, t. I, p. 690]. — Cfr. Esmein, *Études sur les contrats dans le très ancien droit français*, Paris, 1883, in-8°, p. 160-167.

(2) D'après le chapitre 39, un homme de poeste ne peut appeler du seigneur chez lequel il est « couchans et levans » au seigneur supérieur qu'en cas de « defaut de droit ou malvais jugement » [cfr. chap. 43]. Cet état de choses correspond au règne de saint Louis ; car il ressort clairement des réclamations formulées sous Louis X par les seigneurs de Champagne que la juridiction royale s'était alors étendue, et que le roi « justicioit » dans leurs domaines, d'une façon normale et acceptée par eux, « par deffault de droit, ou par appel de faulx jugement, ou pour cause de ses bourgeois,... ou pour garde ancienne d'Eglise..., ou pour seelle d'obligations faict soubz le seel [royal], des quiex mettre à execution les dis nobles fussent deffaillans » ; Louis X a soin d'ajouter : « et autres cas qui à nous appartenroient, par nostre droit royal » [*Ord. de mai et mars* 1315 (a. st.), art. 2, dans B. de Richebourg, *ibid.*, p. 233 et 235].

7. — En ce qui concerne le *lieu* où le Coutumier primitif a été rédigé, les points de repère font à peu près complètement défaut. Le chap. 6 toutefois fournit une indication précieuse. Il prévoit l'hypothèse d'un formariage entre une femme noble et un serf, et déclare que les enfants issus de ce formariage seront « taillauble et de mainmorte, se lors peres en estoit », « pour ce que li enfens suyent la pieur condition » ; mais il ajoute : « ou il convient qu'il quittient toute la descendue dou pere ». Cela signifie que s'ils abandonnent la succession paternelle, ils seront francs. Ils ont donc en réalité un droit d'option. — Or ce droit d'option, très remarquable et assez rare, on le retrouve signalé par les Coutumes de Troyes et de Chaumont-en-Bassigny, rédigées en 1494, comme s'appliquant « entre les rivières de Seyne et d'Aube, et de Seyne et Yonne » (1), exception faite pour la prévôté de Troyes, où par privilège les enfants naissent francs. Les nobles du bailliage de Troyes contestèrent, il est vrai, le droit d'option « entre Seyne et Yonne » ; mais ils reconnurent qu'il était notoire « entre Seyne et Aube » (2). Dans les autres Coutumes de Champagne, telles que celles de Meaux (art. 5), le droit d'option n'existait pas : « le fruict ensuit la condition du ventre » ; il en était de même « entre Aube et Marne » (3). Il est donc probable que le Coutumier de Champagne a été rédigé dans le bailliage de Troyes ou dans celui de Chaumont, probablement entre « Seyne et Aube ».

A cette première induction, il est permis d'en ajouter une autre : c'est que le Coutumier, selon l'usage à l'époque à laquelle il remonte, a dû être rédigé par quelque *bailli* champenois, contemporain de Pierre de Fontaines. On peut hésiter entre le bailli de Troyes et le bailli de Chaumont. — Il est clair qu'ici nous sommes dans le domaine des conjectures. Nous allons en sortir au contraire, en abordant l'étude critique de la seconde compilation dont se compose le Coutumier actuel : celle des jugements.

(1) Anc. Cout. de Troyes, art. 7 ; Nouv. Cout. de Troyes, art. 7 ; Anc. Cout. de Chaumont, art. 6 ; Nouv. Cout. de Chaumont, art. 4 ; — dans B. de Richebourg, *ibid.*, p. 269, 238, 374, 352.

(2) Cfr. B. de Richebourg, *ibid.*, p. 289.

(3) Anc. et Nouv. Cout. de Troyes, art. 8 ; Anc. Cout. de Chaumont, art. 7 ; Nouv. Cout. de Chaumont, art. 5.

§ III. — La compilation des Jugements.

8. — La compilation des jugements comprend d'abord les chap. 61 à 65, et ensuite les trente et quelques jugements disséminés dans les chapitres précédents. La plupart de ces jugements étant datés, la recherche de l'époque à laquelle a été opérée leur adjonction au Coutumier primitif n'offre ni le même intérêt, ni la même difficulté que la recherche de la date de rédaction de ce dernier. Trois observations suffiront pour résoudre ce premier problème.

1° Les jugements datés, qui sont au nombre de 22, s'échelonnent, on le sait, de 1270 à 1295 (1). Parmi les jugements non datés, trois peuvent l'être d'une façon suffisante : ce sont ceux qui ont été ajoutés aux chap. 42, 7, 36. Au chap. 42, il est dit que le jugement a été rendu par Jehan d'Acre au temps « du conte Heimont », c'est-à-dire pendant la régence exercée par Edmond de Lancastre, au nom de sa belle-fille Jeanne de Navarre, de janvier 1276 à mai 1284. Le jugement mentionné au chap. 7 a été rendu par les mêmes juges que la sentence mentionnée au chap. 9, donc à la Pentecôte 1287 (2). Enfin, la comparaison de la liste des juges insérée au chap. 36, avec les deux listes insérées aux chap. 20 et 63, suffit pour montrer qu'il s'agit de jugements rendus dans une même session, laquelle se place en 1289. Aucun de ces jugements ne sort des limites chronologiques indiquées plus haut. Il n'y a que les six décisions trop brièvement indiquées aux chap. 6, 11, 17, 25, 55, pour lesquelles nous n'avons pas de points de repère suffisants et que nous sommes obligé de laisser de côté (3).

2° Les 25 jugements sur lesquels nous pouvons raisonner n'ont certainement pas été insérés dans les marges du Coutu-

(1) Savoir : 2 en 1270, 1 en 1271, 1 en 1275, 2 en 1278, 1 en 1284, 2 en 1285, 2 en 1287, 1 en 1288, 6 en 1289, 1 en 1290, 3 en 1295. — Cfr. chap. 19, 22, 23, 24, 49, 5, 43, 13, 61, 62, 9, 33, 51, 18, 20, 65, 63, 64, 44, 53, 56, 59.

(2) Chap. 9 : « Rapportei fut, as octaves de Pentechoste, l'an M. CC. IIII. XX. et VII... A ce jugement fuerent cil desvant nomez. » Ces derniers mots visent les juges énumérés au chap. 7, et par là même fixent la date de leur jugement.

(3) Le style de ces décisions ne rappelle en rien celui des jugements datés ; peut-être ne sont-elles pas de la même main.

mier primitif au fur et à mesure qu'ils ont été rendus; ils ne l'ont été que plusieurs années après, et peut-être d'un seul coup. Cela est facile à démontrer pour un certain nombre d'entre eux. On lit par exemple au chap. 23 : « Ce fui jugié à Troies l'an LXXI pour le roy Henri contre la communautei de Chaiorce, pour (par) Monssr. Berac de Marcuel qui *lors gardoit* Champ. pour le roy Henri (1) »; or, Beraud de Marcueil (*aliàs* Mercœur) a gouverné la Champagne au nom du comte Henri, roi de Navarre, jusqu'à la mort de ce dernier, arrivée le 22 juillet 1274. Voilà donc un jugement qui n'a pu être inséré, avec le verbe *garder* à l'imparfait, en 1271, mais seulement après juillet 1274. De même, le jugement de 1278, visé au chap. 5 et rendu à Troyes par Jean d'Acre, « qui *lors gardoit* Champ. pour le comte Haimon » (2), n'a pu être inséré qu'après 1284. Au chap. 42, la sentence visée, dont le compilateur ne sait même plus la date, a été rendue à Troyes par le même Jean d'Acre, « *ou temps qui gardoit* Champ. pour le conte Heimont (3) » : cette formule, encore plus que la précédente, indique un temps déjà éloigné au moment où l'interpolation a eu lieu. Le jugement rendu en 1284 par Jean de Joinville, « qui *lors gardoit* Champaigne » (chap. 13), l'arrêt de décembre 1285 intéressant le même Joinville, « qui lors estoit senechaux de Champ. et *gardoit* Champ. pour le *roi* (Philippe le Bel), quant il estoit en Arragon aveuc son père », tandis que l'abbé de Saint-Denis, Mathieu de Vendôme, « *gardoit* France pour le *roi* (Philippe le Hardi) » (4), n'ont pu être mentionnés sous cette forme qu'après la cessation de la guerre d'Aragon, c'est-à-dire à la fin de l'an 1285 (5), par conséquent sous le *règne* de Philippe le Bel, ce qui explique la formule peu grammaticale employée par le compilateur. On peut faire la même observation pour le second arrêt de décembre 1285, rendu par Mathieu de Vendôme, « qui *lors gardoit* le royaume pour le roi » (chap. 62). Les trois arrêts du carême de l'an 1290

(1) Texte de P. Tous les *mss.* portent les mots : « qui *lors gardoit* ».
(2) Texte de P. Tous les *mss.* portent les mots : « qui *lors gardoit* ».
(3) Texte de P, M. Même formule dans les autres *mss.*
(4) Cf. chap. 61.
(5) Cfr. Ch.-V. Langlois, *Le règne de Philippe le Hardi*, Paris, 1887, in-8°, p. 164-165.

(n. st.) concernant Guillaume de Hangest, « qui *lors estoit* ballis de Chaumont » (chap. 63, 64), n'ont pu être insérés qu'après 1291, date à laquelle Guillaume de Hangest est devenu prévôt de Paris (1). Il n'y a que pour les arrêts rendus aux jours de Troyes en 1295 (chap. 53, 56, 59), c'est-à-dire pour les plus récents de tous, qu'on ne peut pas faire le même raisonnement. Ils nous semblent indiquer la date à laquelle l'adjonction des *jugements* à la compilation des *usages* a dû être effectuée. C'est entre 1295 et 1300, à notre avis, que l'ancien Coutumier de Champagne s'est trouvé constitué sous la forme définitive qu'il devait conserver.

9. — En quel *lieu* et par *qui* a été faite la compilation des jugements? Ce sont là deux questions connexes. Pour y répondre avec quelque précision, il est indispensable de rechercher quels étaient, dans les divers cas cités, la situation des immeubles litigieux, le domicile des parties, le siège de la juridiction compétente : cela permettra de restreindre le champ des hypothèses, et peut-être d'arriver à une conclusion.

1° En fait d'immeubles litigieux, le Coutumier mentionne : les forêts de la commune de *Chaource* (2); — des maisons et autres héritages vendus par des serfs à *Sacey* et à *Tenillières* et confisqués par Érart d'Arcis (3); — une maison et autres héritages sis en franc lieu à la *Ferté-sur-Aube* et achetés par Guillaume du Châtelet, sergent, ancien bailli de Chaumont (4); — le « chastel de *Chacenay* », à l'occasion duquel Jehan, sire d'Arcis, dut défendre à trois procès « encontre » son frère Érart, sa sœur Hélissende, et finalement le duc de Bourgogne et l'évêque de Langres (5); — le moulin d'*Orges* (6); — enfin une maison à *Châteauvillain*, donnée par Garnier de Créancey au maire de Créancey et enlevée à ce dernier par la sœur du donateur, grâce à la règle « Donner et retenir ne vaut » (7). — Or

(1) Cfr. *infrà*, n° 10.
(2) Arrêt de 1271, aux Grands Jours de Troyes (chap. 23, 24).
(3) Arrêt de 1284, aux Grands Jours de Troyes (chap. 13).
(4) Arrêt de 1285, au Parlement (chap. 61); cfr. *infrà*, n° 10.
(5) Arrêts de 1285, au Parlement; 1287, aux Grands Jours de Troyes; 1289, au Parlement (chap. 62, 9, 18).
(6) Arrêt de 1289 (chap. 36).
(7) Arrêt de 1290, à Châteauvillain (chap. 44). — Aux chap. 11, 25, 55, la situation des biens litigieux n'est pas indiquée.

de ces sept localités, quatre : Chaource, Sacey, Tenillières, Chacenay, faisaient partie du bailliage de Troyes ; les trois autres : la Ferté, Orges, Châteauvillain, faisaient partie du bailliage de Chaumont-en-Bassigny.

2° Dans les procès en matière personnelle ou mobilière insérés au Coutumier, on trouve mentionnés comme défendeurs en première instance ou comme appelés à la justice supérieure : Gérard de Maignant (1), le sire d'Arcis (2), la veuve d'Érart de Proverville (3), le seigneur de Chappes, poursuivi par Érart d'Arcis (4), damoiselle Béatrix de Poissons « devers Joinville », Simon de Fontaines, Thomassins de Bricons (5). — Des sept localités ainsi relevées, il y en a encore quatre dans le bailliage de Troyes : Magnan, Arcis, Proverville, Chappes ; et trois dans le bailliage de Chaumont : Poissons, Fontaines, Bricons.

3° Enfin si on examine à quels sièges ont été portés les procès cités par le compilateur, [en dehors, bien entendu, de ceux qui ont été jugés à Troyes par la juridiction suprême du comté ou à Paris par le Parlement], on en trouve deux, qui ont été portés devant Guillaume de Hangest, bailli de Chaumont, siégeant en 1288 à la Ferté-sur-Aube, et en 1289 (*a. st.*), à Andelot, c'est-à-dire dans deux villes de son ressort. En 1288, c'étaient les moines de Clairvaux, qui revendiquaient contre Simon de Châteauvillain la haute justice d'Orges (6). En 1289 (*a. st.*), c'était Marguerite Chauderon, fille de Guy Chauderon, qui réclamait son douaire à son beau-père, Mahieu de Nouveant, sire de Tramblecourt (7).

Il résulte de ces diverses constatations que la compilation des jugements a dû être faite par un auteur habitant ou ayant habité le bailliage de Troyes ou celui de Chaumont, ou tous les deux, et particulièrement la partie de ces bailliages comprise entre la Seine et la Marne.

(1) Arrêt de 1275, à Troyes (chap. 49).
(2) Arrêt de 1278, au Parlement (chap. 43).
(3) Arrêt de 1287, à Troyes (chap. 7).
(4) Arrêt de 1287, à Troyes (chap. 33).
(5) Cfr. chap. 6 et 17. — Il y a encore quelques parties nommées au Coutumier, mais de telle sorte qu'il n'est pas possible de déterminer leur domicile (chap. 6, 42, 59).
(6) Chap. 51.
(7) Chap. 65.

Ne pourrait-on pas aller plus loin, en s'appuyant sur deux procès dont on n'a pas encore fait état, les deux procès résumés aux chap. 63 et 64? Ces deux procès ont été tranchés le même jour, au même lieu, par les mêmes juges, et entre les mêmes parties, c'est-à-dire « le jour des *Bordes* (1) 1289 » (19 févr. 1290), au Val-des-Ecoliers, près Chaumont (2), par un certain nombre de « maistres », « entre les gens l'evesque de Langres, d'une part, et Guillaume de Hangel, qui *lors estoit* ballis de Chaumont, d'autre part ». Nous retrouvons ici Guillaume de Hangest, non plus comme juge, mais comme partie intéressée aux deux procès : il était défendeur dans l'un, demandeur dans l'autre. Dans le premier cas, il avait fait emprisonner des gens de Luzy arrêtés « en present mesfait », et que l'évêque de Langres réclamait comme « étant ses hommes ». Dans le second cas, « les gens l'evesque » avaient fait saisir, à Villévêque, plusieurs héritages « qui estoient as bourgois de Langres, qui estoient en leaul bourgoisie à Chaumont » : Villévêque étant « en sa justice », le bailli de Chaumont requérait « que recréance fût faite auxdits bourgeois »; les gens de l'évêque s'y opposaient.

Les deux procès furent portés devant une cour composée de seigneurs de Champagne, parmi lesquels le ms. P nomme : Messires Etienne de Châlons, sire de Vignori, Jean de Choiseul, Guy Chauderon, Geoffroy de Visennecourt, Gautier de Roches, Guy de Marfois, Gilles de Nogent, Wiart de Saint-Vrain (Saint-Berain), ancien bailli de Langres, Géraud de Montegney, Robert de Nogent, et l'ancien bailli de Chaumont dont il a été question plus haut : Guillaume du Châtelet (3). Les mss. M et B ajoutent : Jean de Recey, Regnaux de Noyers, Michelot de Choilly. Cette cour donna raison à Guillaume de Hangest dans le premier cas et tort dans le second; mais la

(1) Nom local en Champagne du dimanche des *Brandons* (1er dimanche de carême).

(2) Au lieu dit *Val-des-Ecoliers*, commune de Verbiesles, canton de Chaumont, se trouvait jadis un célèbre prieuré d'hommes, fondé en 1201, et disparu en 1790 (Renseignement dû à l'obligeance de M. Justin Bellanger, conservateur du musée de Provins). Cfr. D'ARBOIS DE JUBAINVILLE, *loc. cit.*, t. IV, p. 606 et 612.

(3) Cfr. chap. 63. — Au chap. 64, il y a seulement : « en la presence desus nemes en l'autre jugement devant dit ».

solution des procès n'est pas ce qu'il y a pour nous de plus important en ce moment. Ce qui est plus important, c'est la façon dont le rédacteur du chap. 63 expose les prétentions de Guillaume de Hangest au sujet des prisonniers qu'il avait arrêtés en flagrant délit : « Il les feroit, dit-il, yssir hors de prison et venir avant ; et se il [*les prisonniers*] cognoissient le present mesfait, il [*le bailli*] en vourroit joir ; et s'il le mescognoissient, il offroit prouver, *iqui mesmes*, devant le juge que il mectroit pour ce, que ou droit le roy il estoient prins et en sa justice ». Les juges adoptent cette manière de procéder, et décident que si les prisonniers refusent de reconnaître le flagrant délit, le bailli « le prouveroit, *iqui mesmes* ». *Ici même*, c'est-à-dire au Val-des-Écoliers (1) : le compilateur qui nous a conservé ce jugement du 19 février 1290 y était donc *présent!* Peut-être y était-il juge ou partie. Or comme il est évident que nous avons affaire à une œuvre, non de barons, mais de praticiens, on ne peut guère songer qu'aux légistes qui se trouvaient « le jour des Bordes » au Val-des-Écoliers, et spécialement aux deux baillis de Champagne : Guillaume de Hangest et Guillaume du Châtelet (2).

10. — De ces deux contemporains de Beaumanoir, c'est le second qui nous parait plus particulièrement indiqué, et cela pour plusieurs raisons. Tandis que Guillaume de Hangest est originaire du Santerre, Guillaume du Châtelet est originaire de la Brie (3), plus porté par suite à s'intéresser aux coutumes de la région. — *Guillaume de Hangest* du reste n'a fait que passer en Champagne, et ne s'y trouvait pas à l'époque où la plupart des jugements insérés au Coutumier ont été rendus. Il n'apparait en effet dans les textes qu'en 1287 (4) ; il est alors

(1) Cette formule se retrouve dans P, M, A, B, etc. Elle est donc certaine.

(2) Ils sont les *seuls* praticiens nommés dans les chap. 63 et 64, avec Wiart de Saint-Berain, ancien bailli de Langres, qui ne peut entrer en ligne de compte.

(3) *Hangest-en-Santerre*, aujourd'hui commune du dép. de la Somme. — *Le Châtelet-en-Brie*, aujourd'hui chef-lieu de canton du dép. de Seine-et-Marne.

(4) Il ne faut pas le confondre avec Guillaume de Hangest *senior*, chargé en 1286 d'une mission par le Parlement (*Olim*, t. II, p. 256) ; Brussel, *loc. cit.*, p. 491, l'en distingue en l'appelant : « Guillaume de Hangest *le jeune* ».

bailli de Chaumont (1), où on le retrouve jusqu'à la Pentecôte de l'an 1290 au moins (2). Il devient ensuite prévôt de Paris, de 1291 à 1295 (3). Au parlement de la Toussaints 1295, il est bailli d'Amiens (4); au parlement de la Toussaints 1296, trésorier du roi et bailli de Caen (5); en 1297, bailli de Senlis; de 1298 à 1300, bailli de Vermandois; en 1301, de nouveau bailli de Senlis (6). Il redevient prévôt de Paris en 1303 (7). Il dut ensuite être bailli de Sens (8). On le voit enfin figurer au Parlement en février 1313 (*n. st.*), avec le titre de conseiller du roi (9). Le 26 avril suivant, il est désigné pour faire par-

(1) Il ne l'était pas en 1286; car il est dit, dans un arrêt des Grands Jours de Troyes tenus en 1287, que le bailli qui était à Chaumont « *citrà annum* », est devenu sénéchal de Beaucaire; cfr. Brussel, *ibid.*, p. 857.

(2) Cfr. Brussel, *ibid.*, p. 491; — le *Coutumier*, chap. 51 : « Ce fut jugié à la Fertey sur Aube, ... l'an M. CC. IIII. XX et VIII, par Guillaume du Hanget, bailly de Chaumont »; — chap. 36 : « Et à ce furent presens..... Guillaume du Hanget, bailli de Chaumont »; — chap. 63 : « ... Guillaume de Hanget, qui lors estoit bailliz de Chaumont » (fév. 1290, *n. st.*); — chap. 64, même date; — arrêt de la Pentecôte 1290 : « ... Philippum de Bello-Manerio, milites, Guillelmum de Hangest, ballivum Calvimontis » (*Olim*, t. II, p. 309). — Plusieurs décisions des Grands Jours de Troyes, publiées par Brussel, le concernent; cfr. Brussel, *ibid.*, p. 935 : procès avec le vicomte de Bar-sur-Seine en 1287; p. 237 : appel contre un de ses jugements en 1288; p. 250, 858, 245-246 : injonctions diverses qui lui sont adressées en 1289. — « Le mardy devant myquaresme, l'an M. CC. IIII. XX et IX » (7 mars 1290), il rend un jugement à Andelot (*Coutumier*, chap. 65).

(3) Cfr. Brussel, *ibid.*, p. 486; — Guilhiermoz, *Enquêtes et Procès*, Paris, 1892, in-4°, p. 335.

(4) *Olim*, t. II, p. 392-393 : « ... Guillelmus de Hangesto, ballivus ambianensis ». — C'est par erreur que Brussel, *ibid.*, p. 487, le place à la date de 1288 parmi les baillis d'Amiens; il était alors bailli de Chaumont.

(5) *Olim*, t. II, p. 397 et 413 : « ... et Guillelmus de Hangesto, thesaurarius nostri »; — J. Havet, *Œuvres*, Paris, 1896, tome II, p. 262 : « Guillelmus de Hangesto junior, ballivus Cadomensis, pro negocio regis, 100 l. »

(6) Cfr. Borelli de Serres, *Recherches sur divers services publics*, Paris, 1895, in-8°, t. I, p. 214; — Brussel, *ibid.*, p. 487; — arrêt de mars 1300 (a. st.) : « ... Guillelmus de Hangesto, tunc ballivus Silvanectensis » (*Olim*, t. III, p. 58-59).

(7) Cf. Brussel, *ibid.*, p. 486; — *Mémorial de Pierre de Bourges*, publié par Langlois, *Textes*, *op. cit.*, p. 212.

(8) Arrêt du Parlement, à la Saint-Martin 1313 : « ..... Guillelmus de Hangesto, *quondam* ballivus Senonensis » [*Olim*, t. III, p. 832].

(9) *Olim*, t. II, p. 597, mercredi après la chandeleur 1312 : « ... Guillaume de Hangest, conseillier nostre seigneur le roy ... »; — Guilhiermoz, *ibid.*, p. 375-376.

tie « du conseil des enquestes » (1). Ensuite on perd sa trace. Mais on voit par les dates fournies que Guillaume de Hangest a fait toute sa carrière sous Philippe le Bel, et la plupart du temps hors de Champagne.

Guillaume du Châtelet au contraire est plus ancien et n'a jamais quitté le comté. Il figure dès 1271 dans l'entourage de Beraut de Marcueil, qu'il qualifie de gouverneur de Champagne « pour le roy Henry » (2). En 1276, il est bailli de Meaux (3), et en 1278, bailli de Chaumont, qu'il quitte en mars pour administrer le bailliage de Sézanne, tenu en douaire par Blanche d'Artois, veuve du roi Henri (4). La même année, il figure comme juge aux Grands Jours de Troyes, présidés par Jean d'Acre, gouverneur de Champagne pour le comte Edmond (5). En 1282, il retourne à Chaumont (6); puis va de là à Troyes, où il se trouvait en juin 1284, au début du règne personnel de Jeanne de Navarre (7). Mais il ne fit que passer dans cette dernière ville, et revint la même année à Sézanne, où on le trouvera encore en 1286 et 1292 (8). Au mois de décembre 1284, menacé par un chevalier nommé Pierre de Bourlémont, il profite de la réunion des Grands Jours de Troyes pour se faire donner par ce chevalier un assurement solennel devant la Cour (9). En 1285, il plaide contre Jean

(1) Cfr. LANGLOIS, *op. cit.*, p. 198.

(2) *Coutumier*, chap. 24. — Le texte publié par Pithou et par B. de Richebourg porte, il est vrai : « *Guy* du Chastellet »; mais c'est là une faute de lecture ou d'impression; les mss. P, M, A, B, etc., portent en effet : « Guill. de Chatelet » ou « Guilles dou Chastelet ».

(3) Cfr. A. LEFÈVRE, *Les baillis de la Brie au XIIIe siècle*, dans la *Bibl. de l'Ecole des chartes*, année 1860, p. 184 et 187, note 2; — D'ARBOIS DE JUBAINVILLE, *op. cit.*, t. IV, p. 485.

(4) D'ARBOIS DE JUBAINVILLE, *ibid.*, p. 485 et 564; — BORELLI DE SERRES, *op. cit.*, t. II, p. 409.

(5) *Coutumier*, chap. 5 : « Ce fut jugié à Troie l'an M.CC. LXXVIII ..... A ce faire fuerent ..... Guillaumes dou Chatelet. ... »

(6) BRUSSEL, *ibid.*, p. 491; — D'ARBOIS DE JUBAINVILLE, *ibid.*, p. 485; — BORELLI DE SERRES, *ibid.*, p. 412.

(7) D'ARBOIS DE JUBAINVILLE, *ibid.*, p. 583.

(8) BORELLI DE SERRES, *ibid.*, p. 412.

(9) *Registre des Grands Jours de Troyes*, f° 17 v° (publié par BRUSSEL, *ibid.*, p. 859, en note) : « Petrus dominus de Borlemont, miles, qui minas intulit Guillelmo de Castelleto, quondam ballivo Calvi-montis, de quibus (periculum)

de Joinville, qui a confisqué au nom du roi une maison et autres héritages, mouvant en fief du roi et qu'il avait achetés, sans le congé de celui-ci, à la Ferté-sur-Aube; en vain Guillaume invoque « l'ancien usage » de Champagne qui permettait aux « sergents » d'acquérir en fief sans autorisation du suzerain : la confiscation est maintenue (1). A partir de 1287, on le voit siéger à la Cour des barons de Champagne : à Troyes en 1287 (2), à Châteauvillain en 1289, avec Guillaume de Hangest (3), au Val-des-Écoliers en février 1290 (*n. st.*), où au contraire ce dernier comparaît devant lui (4). Entre 1291 et 1295, il avait un procès au Parlement contre l'ancien bailli de Langres, Wiart de Saint-Berain (5), et accumulait les « reproches » contre les témoins de son adversaire, et notamment contre Guillaume de Hangest, qui était alors prévôt de Paris et qu'il récusait comme ayant pris part en qualité de bailli de Chaumont au jugement de première instance (6). Au parlement de la Toussaints 1292, il servit de plège, avec plusieurs autres, à Guillaume de Mussy, qui venait d'être condamné à 3.000 livres tournois d'amende envers le roi (7). Nous ignorons ce qu'il devint ensuite. Il prit sans doute sa retraite en 1302, après la mort de la comtesse Blanche d'Artois, qui entraîna la suppression du bailliage de Sézanne (8). Peut-être était-il mort lui-même à cette date.

Tel est le personnage auquel nous proposons d'attribuer la compilation des jugements insérés au Coutumier de Champa-

est timendum, de mandato Curiæ, ad petitionem ipsius Guillelmi asseguravit eumdem Guillelmum et suos... »

(1) *Coutumier*, chap. 61; le texte porte par erreur la date de 1283, qu'il est facile de rectifier à l'aide du contexte.

(2) Chap. 7 et 9 : « A cest jugement fuerent..... Guill. du Chatelet »; — « Ceste costume fut enquise à Troies..... as octaves de la Pentechoste l'an M. CC. IIII. XX et VII... A ce jugement fuerent cil desvant nomez ».

(3) Chap. 20; cfr. chap. 36.

(4) Chap. 63 : « A ce jugement fuerent..... Guill. dou Chastelet..... »; — chap. 64.

(5) Chap. 63 : « A ce jugement fuerent..... Wiart de Saint Vrain, qui fut ballis de Langres ».

(6) Ces reproches ont été publiés par Guilhiermoz, *ibid.*, p. 332-335.

(7) *Olim*, t. II, p. 337, IV et VI : « Plegii sunt pro Guillelmo de Mussy quod stabit juri : ..... Guillelmus du Chastelet..... ».

(8) Cfr. Borelli de Serres, *ibid.*, p. 412, 414.

gne à la fin du XIIIe siècle. Sa naissance en Brie, ses fonctions de bailli remplies successivement à Chaumont pendant plusieurs années et à Troyes pendant quelques mois, sa présence aux arrêts rendus le 19 février 1290 au Val-des-Écoliers constituent en sa faveur bien des probabilités. — On peut ajouter, à titre d'arguments complémentaires, les deux faits suivants, qui s'expliquent d'eux-mêmes si l'hypothèse est exacte : d'abord la fréquence avec laquelle le nom de Guillaume du Châtelet est cité dans le Coutumier(1) ; et ensuite le choix de certains jugements. Guillaume du Châtelet s'était sans doute fait pour son usage particulier une petite collection de procès, comprenant notamment ceux auxquels il avait été mêlé comme juge ou comme partie : et c'est là qu'il puise, laissant parfois de côté des causes plus retentissantes et qu'il devait cependant connaître(2). C'est ainsi qu'au chap. 5, ayant à donner un cas d'application de la coutume qui veut qu'en Champagne les filles soient « hors d'avouerie le unziesme an » (plus exactement à onze ans *révolus*), il cite un jugement de 1278 concernant la dame de Moulain, alors qu'il avait à son service la fameuse enquête par turbes faite en mars 1284 (*n. st.*), au sujet de la « damoiselle de Champagne », Jeanne de Navarre, fiancée de Philippe le Bel : la raison en est qu'il a pris part au jugement de 1278 et n'a pas pris part à l'enquête de 1284 (3). — Nous croyons donc pouvoir désigner [jusqu'à preuve du contraire] Guillaume du Châtelet, comme l'auteur de la seconde « édition » du Coutumier de Champagne, l'édition « illustrée » de jugements.

§ IV. — La juridiction comtale en Champagne à l'époque du Coutumier.

11. — En illustrant ainsi l'ancien Coutumier de Champagne, Guillaume du Châtelet se proposait sans doute uniquement,

(1) Cfr. chap. 23-24, 5, 7 et 9, 20, 36, 63, 64, en tout *huit* citations.

(2) Il ne paraît pas avoir utilisé le *Registre des Grands Jours de Troyes*, de 1284 à 1295, dont Brussel a fait un usage si fréquent ; cfr. Brussel, *ibid.*, p. 218, note *a*, et p. 247.

(3) Le texte, très intéressant, de cette enquête de 1284 a été publié *in extenso* par M. Paul Viollet, *Etabl. de saint Louis*, *op. cit.*, t. III, p. 166-168, en note.

comme plus tard Jean de la Loë à Bourges, de rapprocher la jurisprudence de la doctrine. Mais, grâce à la manière dont il cite ordinairement les jugements qu'il utilise, il a rendu à l'histoire du droit un autre service, sur lequel nous voudrions, en terminant, attirer l'attention. — Guillaume du Châtelet donne généralement dans ses citations le nom des personnages qui ont rendu les arrêts cités. En les classant par ordre chronologique et en étudiant l'origine, la condition, les fonctions de ces personnages, on en tire, sur l'évolution de la justice comtale en Champagne de 1270 à 1295, des renseignements précieux, qui viennent compléter ceux que Brussel a tirés lui-même du registre des Grands Jours de Troyes, pour les années 1284 à 1291 (1). Il est possible ainsi de constater que l'institution des Grands Jours, qui remontent à Thibaut IV, a passé dans cette période par trois phases distinctes : la première correspondant au règne du roi Henri le Gros, la seconde comprenant le « temps du bail » et le début de l'administration de Philippe le Bel, la troisième commençant à l'avènement de ce dernier comme roi de France (5 oct. 1285).

Pendant la première période, la Champagne ayant encore ses comtes indépendants, les Grands Jours, qui se tiennent toujours à Troyes (2), se composent uniquement de « Champenois ». Ils sont présidés par l'officier « qui garde la Champagne pour le comte », c'est-à-dire par Beraut de Marcueil (3). Autour de lui, siègent les barons de Champagne, en nombre plus ou moins considérable (4), et quelques légistes, généralement les baillis, dont le rôle n'est pas bien défini, mais dont la présence était nécessaire, soit pour prendre part au jugement, au moins à titre consultatif, soit pour répondre des appels interjetés contre leurs sentences, les appels met-

(1) Le registre dont s'est servi BRUSSEL contenait les arrêts des Grands Jours depuis 1284 jusqu'à 1295; mais il n'a pas utilisé d'arrêts postérieurs à 1291. Avec les notes disséminées dans son ouvrage, on pourrait reconstituer ledit registre depuis le f° 4 jusqu'au f° 112-v°. A l'*Appendice* I, nous l'utiliserons pour compléter la compilation de Guillaume du Châtelet.

(2) Cfr. chap. 19, 22, 23-24, 49.

(3) Cfr. chap. 23-24.

(4) En 1270, neuf et « plusieurs autres »; en 1271, neuf et « plusieurs autres »; en 1275, tous les barons de Champagne (chap. 19, 22, 23-24, 49).

tant alors en cause aussi bien le juge que l'adversaire (1).

En 1278, le comté de Champagne appartenant à la fiancée de Philippe le Bel, et n'étant tenu qu'en *bail* par Edmond de Lancastre, son « parastre », une modification significative apparaît dans la composition des Grands Jours. Ils sont encore présidés par l'officier « qui garde Champagne pour le comte Haimon », Jean d'Acre (2), et comprennent encore des barons et des légistes du comté; mais à côté d'eux apparaissent deux commissaires envoyés par le parlement de Paris : « maistres » Anseau de Montaigu et Florent de Roye (3). Après le mariage de Philippe le Bel avec Jeanne de Navarre (16 août 1284), cet élément nouveau s'affirme. A la session de novembre 1284, qui fut particulièrement nombreuse (4), on trouve réunies sous la présidence du gouverneur, Jean de Joinville (5), quatre catégories de juges : 1° une douzaine de *magistri Parlamenti*, clercs ou laïques, venus de Paris; 2° deux abbés de la région, ceux de Montier-Arramey et de Montier-en-Der; 3° plusieurs barons et vavasseurs de Champagne (au moins six); 4° quatre officiers ou anciens officiers du comté : Vincent de Pierre-Chastel, ancien chancelier; Renier Accorre, receveur général; Guillaume d'Alemant, bailli de Troyes; Hugues de Chaumont, ancien bailli de Vitry (6). A la session de Pâques 1285, qui dura une quinzaine de jours, la composition, sauf les chiffres, est la même. Un fragment de comptes du receveur Renier Accorre, publié en partie par Brussel et plus complètement par M. d'Arbois de Jubainville, indique les gages payés par le comte de Champagne aux maîtres du Parlement qui se rendi-

(1) En 1270, il y en a un : Messire Pierre de la Malemaison, chevalier (comme Beaumanoir) et bailli de Vitry (chap. 19, 22); — en 1271, deux : P. de la Malemaison et Guillaume du Châtelet (chap. 23-24).

(2) Cfr. chap. 5 et chap. 42.

(3) Chap. 5 : « Ce fut jugié à Troie l'an M. CC. LXXVIII .... par monsr. Jehan d'Acre, qui lors gardoit Champ. pour le comte Haimon. A ce faire fuerent maistres Anciaux de Montesgu, Florans de Roie, li sires de Broies, etc... »

(4) Brussel et le *Coutumier* fournissent 28 noms et « plusieurs autres ».

(5) Chap. 13 : « Et fui jugié par Monssr. [Jehan] de Jainville, qui lors gardoit Champ., etc... »

(6) Cfr. chap. 13; — Brussel, *ibid.*, p. 859, 860, 862; — et la liste des *magistri* présents au Parlement le 1er mars 1284, dans Langlois, *Textes*, *op. cit.*, p. 118.

rent à Troyes, et aussi « à un clerc qui écrivit les articles et les demandes des plaidoyers illuenc » (1).

12. — Une fois Philippe le Bel devenu roi de France, les Grands Jours de Troyes se transforment. Comme il était facile de le prévoir, des deux éléments juxtaposés, l'élément « parisien » et l'élément « champenois », le premier finit par absorber l'autre ou plutôt par l'éliminer. Les Grands Jours de Troyes (*dies Trecenses*) deviennent purement et simplement une délégation du parlement de Paris, « tenue » par un petit nombre de maîtres (3 à 5), qui se rendent à Troyes à certaines dates fixées d'avance, d'abord trois fois par an, puis deux, puis une (2). Une ordonnance de date incertaine, attribuée généralement à l'année 1296, confirma officiellement cette transformation des Grands Jours de Troyes, et les rattacha définitivement au Parlement, en même temps que l'Échiquier de Normandie. Elle décida en outre que les sessions auraient lieu deux fois par an, qu'elles commenceraient le lendemain des Brandons et le lendemain de l'Assomption, que les commissaires du Parlement seraient au nombre de quatre (3), et qu'ils seraient désignés, soit par le roi (s'il était présent), soit par le président de la chambre aux plaids, et ce, à la session du Parlement qui précéderait les Grands Jours, de telle façon que les maîtres désignés aient un temps suffisant pour se rendre à destination (4). En 1303, la grande ordonnance sur la réformation du royaume fixe encore à deux le nombre des sessions des Grands Jours (5).

(1) Brussel, *ibid.*, p. 246-247; — d'Arbois de Jubainville, *op. cit.*, t. II, appendice, p. LXXIII-LXXV.

(2) Il y eut *trois* sessions en 1287 : le lendemain de l'octave de Pâques, dans l'octave de l'Ascension, le lendemain de la Nativité de N.-D.; — *deux* en 1288 : le lundi avant l'Ascension, le mercredi dans l'octave de la Nativité; — *deux* en 1289 : le jeudi avant la mi-carême (*n. st.*), le lendemain de la Nativité; — *une* en 1290 : dimanche après la Nativité; — *une* en 1291 : dimanche en la fête de l'Assomption, etc. (Cfr. Brussel, *ibid.*, p. 242, 935, 247).

(3) Ce nombre augmenta ensuite. Un document postérieur à 1307 désigne 8 maîtres pour aller à Troyes, trois clercs et cinq laïques, parmi lesquels le trop célèbre Guillaume de Nogaret (dans Langlois, *Textes*, *op. cit.*, p. 180).

(4) Cfr. *ord.* 1296 (?), art. 5, 6, 34, dans Langlois, *ibid.*, p. 162 et 167.

(5) *Ord.* 1303, art. 62 : « .... duo parlamenta Parisius et duo scacaria Rothomagi et *dies Trecenses* bis tenebuntur in anno ... » (*ibid.*, p. 174).

En même temps, l'élément « champenois » se reforme à part : les anciens Grands Jours *se dissocient*. A côté des « Jours des maîtres du Parlement », on a maintenant « les « Jours des barons de Champagne ». Ce fait. Brussel l'avait déjà pressenti, mais mal expliqué (1) : c'est ici que la compilation de Guillaume du Châtelet, qu'il n'a pas connue, lui eût fourni un appoint utile à la solution du problème. Dès 1287, on voit le sénéchal de Champagne, Jean de Joinville, présider à Troyes, dans l'octave de la Pentecôte, une cour composée seulement de seigneurs de Champagne, auxquels s'adjoint Guillaume du Châtelet (2) ; cette cour est bien nettement distincte des Grands Jours tenus par les maîtres du Parlement dans la même ville, le lundi avant l'Ascension (3). Une décision prise aux Grands Jours tenus à Troyes, à la mi-carême 1289 (*n. st.*), fournit une nouvelle preuve du même fait : il y avait contestation entre le comte de Champagne, c'est-à-dire le roi, représenté par le bailli de Chaumont, Guillaume de Hangest, et le sénéchal de Champagne, Jean de Joinville, au sujet de la *garde* de l'église Saint-Urbain (à Troyes). Le sénéchal assurait que cette garde lui appartenait, tandis que les religieux affirmaient qu'elle était au roi et invoquaient à l'appui de leurs dires une charte que Joinville déclarait fausse. La Cour ordonne l'exhibition de la charte par le procureur de l'église, renvoie l'affaire, pour supplément d'enquête, « aux prochains Jours de Troyes ou, si cela peut se faire commodément, au jour des barons qui est imminent » (4). De même, à la session de la Nativité, le comte de Bar, qui était ajourné pour donner un assurement à un écuyer nommé Baudouin de la Tour, ne s'étant pas présenté et n'ayant envoyé personne pour l'excuser, la Cour enjoint au bailli de Chaumont d'ajourner à nouveau le

(1) Cfr. Brussel, *ibid.*, p. 219, 251. — Erreurs analogues dans : d'Arbois de Jubainville, *op. cit.*, t. IV, p. 565 ; — Boutiot, *op. cit.*, t. I, p. 410 et 413 ; — et *Recherches sur les Grands Jours de Troyes*, dans les *Mém. de la Soc. d'agricult. de Troyes*, année 1852, p. 406-409.

(2) *Coutumier*, chap. 7 et 9.

(3) Cfr. *Coutumier*, chap. 33, et Brussel, *ibid.*, p. 247, note *a*.

(4) *Reg. des Grands Jours de Troyes*, f° 97 : « ... et ad dies proximos Trecenses, seu ad diem instantem baronum, si commode potest fieri » (dans Brussel, *ibid.*, p. 250, en note). Cfr. sur ce procès : Joinville, *Hist. de saint Louis*, ch. 36, dans Langlois, *Textes*, p. 81-82.

comte de Bar, et ce « au prochain jour des barons (1) » ; et en effet, le Coutumier nous apprend qu'en 1289 les barons de Champagne se réunirent « à grand fouison » à Châteauvillain, toujours avec Guillaume du Châtelet (2). Ils se réunirent encore le Jour des Brandons 1290 (*n. st.*), au Val-des-Écoliers, pour juger les procès pendants entre Guillaume de Hangest, bailli de Chaumont, et l'évêque de Langres (3), sans préjudice des Grands Jours tenus à Troyes, la même année, à la Nativité de N.-D., par les commissaires du Parlement (4).

Seulement, cette juridiction des barons, pour importante qu'elle fût encore, n'était pas souveraine. Si les sentences des barons déplaisaient, ou simplement s'ils n'étaient pas d'accord, « on allait en France », c'est-à-dire en appel au Parlement de Paris : c'est ce qui se produisit à la suite de l'un des jugements rendus au Val-des-Écoliers (5). On allait encore au Parlement, et cette fois *de plano*, lorsqu'un *pair* du royaume, par exemple le duc de Bourgogne, était partie au procès : c'est ce qui arriva en l'an 1289 (6). La juridiction des maîtres au contraire, véritable émanation du Parlement, était souveraine. Telle est l'évolution des Grands Jours de Champagne, que Guillaume du Châtelet nous permet de préciser, grâce à son utile et intéressante compilation.

(1) *Ibid.*, f° 106 : « ... ut ad diem baronum proximò venturum *Parisius* compareat, dictum armigerum assecuraturus » (*ibid.*, p. 256, en note). — Le texte porte *Parisius* ; mais ce mot, qui a embarrassé Brussel, paraît être simplement une distraction du clerc chargé de tenir le registre.

(2) *Coutumier*, chap. 20.

(3) Chap. 63 et 64 ; cfr. chap. 36.

(4) Cfr. Brussel, *ibid.*, p. 248, en note.

(5) Chap. 64 : « ... Et l'autre moitié de ces desus dis s'en descorderoient : et pour ce on ala en France : et fui rapportei par le Pallement, l'an IIII XX XI, par tout le conseil le Roy, que li jugement estoit bons... ».

(6) Chap. 18 : « et Jugié fut à Paris pour le duc de Bourgoigne et l'evesque de Langres... ».

APPENDICE I

La compilation des jugements de Guillaume du Châtelet.

Les différents jugements, par lesquels Guillaume du Châtelet a « illustré » l'ancien Coutumier de Champagne, étant disséminés dans tout le recueil, il nous a semblé utile de les rassembler ici dans un tableau méthodique, c'est-à-dire en suivant autant que possible l'ordre chronologique. Nous ne reproduisons pas toujours le texte intégral de Guillaume du Châtelet, à qui nous empruntons seulement ce qui concerne les temps, les lieux, les personnes, en le complétant en note, le cas échéant, par le registre des Grands Jours de Troyes, publié en partie par Brussel. L'ensemble de ces extraits doit représenter à peu près la collection dont Guillaume du Châtelet s'est servi. Nous suivons la leçon du manuscrit de Provins; seuls, les numéros des chapitres et quelques mots placés entre crochets sont empruntés, soit à d'autres manuscrits, soit à l'édition imprimée.

1270. — [Chap. XXII] : *Comment on puet vendre les fores qu'on tient en douaire.* — « Ce fui fait et raportei à Troyes l'an LXX, pour la dame de S. Didier, mere monssr. Jehan de Dampierre. A ce raport faire fuerent messires [Jehan, sires] de Chapes, messires [Guillaume, sires] de Julli, messires [Jehan] de Noueroie, messires Gautiers dou Plaisie, messires Pierres de la Malemaison, messire Phelippe de Tyrce (?), messr. Andriens de la Broche, messires de Joinville, li contes de Roucy, senechaux de Champegne, [et plusieurs autres] (1). »

1270. — [Chap. XIX] : *Comment suer ne freres moinné ne puent garentir en frere ainsné qui reprengne d'eux en fyé.* —

(1) Il y a évidemment ici une interversion due au copiste; il faut lire : « Messires de Joinville, senechaux de Champagne, li contes de Roucy ». En 1270 en effet, Joinville était déjà sénéchal de Champagne. Même erreur dans M.

« Il fut regardé à Troies l'an CC. LXX(1) pour les enfens [d'Oinde....] A cest raport faire fuerent messires Jehans [de la Norroie, messires Jehans] de Chappes, messires Guill. de Julli, Gautiers dou Plaisie, messires Pierre de la Malemaison, messires Phelippes de Tierce (?), messires Andriens de la Brouche, messires de Joinville, li quens de *Bare*(2), et li chenechaux de Champ. (3) [et plusieurs autres] ».

1271. — [Chap. XXIII] : *Comme on doit garder les revenues [de bois*]. — « Ce fui jugié à Troies, l'an LXXI, pour le roy Henri, contre la comunautei de Chaiorce, pour [*lisez : par*] monssr. Berac de Marcuel, qui lors gardoit Champ. pour le roy Henri ». — [Chap. XXIV] : *Comment on puet avoir usage de bois*. — « A ce jugier fuerent messrs Jehans de Joinville, seneschaux de Champegne, messires [Guiliaume, sires] de Julli, messires [Jehan, sires] de Chaipes, messires [Gautier] d'Arzillieres, messires de la No[er]ie (4), messires dou Palaissie (*sic*), messires de Broies, messires Pieres de la Malemaison, Guill. de Châtelet et plusor autres ».

1275. — [Chap. XLIX] : *Comment cil qui se mesfait cui li heritages est, et pourquoi il le prent ou non*. — « Ce fu jugié a Troies pour le fait Gerart de Maingnant, par la cort(5) de tou les barons de Champ., l'an M. CC. LXXV ».

1278. — [Chap. XLIII] : *Comment on doit rapeller jugement et à qui la saisine doit estre ; quar qui est saisis il demore saisis*. — « Et fu dit pour le duc de Bourgoigne, l'an LXXVIII, à Paris, contre le signeur d'Arceis..... A ce faire fui li abbes de saint Denis, li sire de Neele, mesires Jaques de Boloigne, maistres Gautiers de Chamberi, li cuens de Poityv (*sic*), Renaux Barbe (*sic*), mesires Guys li Bas et cuens (*lisez : Jehans*) sires de Mont chevaliers le roy [et plusieurs autres] ».

1278. — [Chap. V] : *Comment noble enfan puent demorer en vouerie*. — « Ce fut jugié à Troie, l'an M. CC. LXX VIII, pour la dame de Moulain, par monsr. Jehan d'Acre, qui lors gardoit Champ. pour le comte Haimon. A ce faire fuerent maistres Anciaux de Montesgu, Florans de Roie, li sires de Broies, maistres Vincens de Pierre Chatel, li chanceliers de Champ., Guillaumes dou Chatelet, Hues de Chaumont, Guill. Pus Vilains, qui lors estoient baillis de Champ. (6). »

(1) Le ms. P porte : CCLXXX; mais la comparaison avec le chap. 22 et les autres mss. impose la date : LXX.

(2) M et B portent : « *li cuens de Roucy* », ce qui paraît plus vraisemblable; cfr. chap. 22.

(3) Même interversion qu'au chapitre précédent; on la retrouve également dans M et B.

(4) M, A, B portent : *Jehan de Noueroie*, ce qui est plus exact.

(5) B porte : *par l'accord*.

(6) *Sic* : T, M, B. — Seul, A porte : *bailli de Chaumont*.

Entre 1276-1284. — [Chap. XLII] : *Comment femme qui tient doaire, ou homs qui tient à vie, ne puet mettre fors de sa main, et [comment] il doit metenir les chouses.* — « Ce fui jugié à Troies par monsignour Jehan d'Acre, pour les enfens de Jaillart, ou temps qui gardoit Champ. pour le comte Heimont ».

Novembre 1284. — [Chap. XIII] : *Comment li souverain puent mettre la main et mettre en son demoigne les heritages qui et vendus au gens de poeste, lesquels on tient de fyé de lui.* — « Ce fut jugé à Troies l'an IIII. XX. IIII, pour monssr. Erart d'Arcey contre Henry l'Armurier de Troies et contre Thiebaut de sainct Antoinne de Troies, qui avoient achatei à Sacey et à Tenillièrent (*sic*), maisons et autre heritages, as hommes qui estoient de fié monssr. Erart : et disoient qui le pouroient faire. Il fui raportei, et à droit, qui ne le pouoient faire ; et que messires Erars en jorroit. Et fui jugié par monssr. [Jehan] de Jainville, qui les (*lisez :* lors) gardoit Champ., maistres Gautiers de Chamberi, maistre Jehan de Veseigne, [maistres Gilles de Vendosme], Gille de Compegne, et Florens de Roie [et plusieurs] ».

[**Décembre 1284.** — *Registre des Grands Jours de Troyes*, f° 17-v°, dans BRUSSEL, *op. cit.*, p. 859 (1)].

[**Décembre 1284.** — *Ibid.*, f° 17 v°, dans BRUSSEL, *op. cit.*, p. 860 (2)].

(1) « Petrus dominus de Borlemont, miles, qui minas intulit Guillelmo de Castelleto, quondam ballivo Calvimontis, de quibus (periculum) est timendum, de mandato curiae, ad petitionem ipsius Guillelmi, asseguravit eumdem Guillelmum et suos de se et suis, in plena curia ad dies Trecenses, de bona asseguratione ad usus et consuetudines patriae Campaniae. Et hoc factum fuit die lunae post [festum B]. Andreae apostoli, praesentibus : marescallo Campaniae, senescallo Campaniae, domino de Nigellâ, domino Egidio de Brione, vicedomino Carnotensi, domino de Juliaco, domino Johanne de Brana, domino Guillelmo de Villa-Arcelli, domino Henrico de sancto Benedicto, domino [...] Brolii, et domino Jacobo de Beona, militibus ; abbate Monasterii-Arremaren., abbate Monasterii-Dervensis, magistro [Galtero] archidiacono Constanciensi, magistro Stephano archidiacono Bajocensi, magistro Johanne de Vassona, magistro Johanne [...], magistro Ansello de Monte-acuto, magistro Guillelmo de Ultramare, Vincentio de Petra-Castri quondam [...], Renero Accurri, ballivo Senonensi, Guillelmo d'Alement, et pluribus aliis ».

(2) « Idem dominus de Borlemont secundum consuetudines Campaniae asseguravit, et assegurationem sibi alias factam renovavit abbatem [de Miroaut] et suos, de se et suis, die Martis in vigiliâ B. Nicholaï hyemalis, in plena curia ad dies Trecenses, praesentibus (istis) : Hugone de Confluencio marescallo Campaniae, Johanne de Joinvilla senescallo Campaniae, Mathaeo vicedomino [Carnotensi],... Gilone de Brione, Guillelmo de Villa-Arcelli, militibus ; abbate Arremareñ ; magistris Galtero archidiacono [Constanciensi, Stephano] archidiacono Bajocensi, Johanne de Vassoigne, clericis ; Florentio de Roya,

20 décembre 1285. — [Chap. LXII] : *Comment ainnés freres ne puet avoir avantaige en eschote qui viengne de costé.* — « Le judi devant Noël, l'an IIII. XX et III (*lire :* V)(1), comparut en jugement messires d'Arceys, devant l'abbé de Saint Denis [qui lors gardoit] pour le roy [le royaume de France], et demandoit contre monssr. Erart son frere, à avoir ainsneesse ou chatel de Chacenay, etc... A ce jugement raporter fuerent : Gautiers, evesque de Senlis, mesires Symons de Neele, li contes de Pontyv, l'evesques de Terouenne, li doiens de Tours, li dux de Bourgoigne(2), et li sires de Grancey, [et plusieurs autres, grant fuison] ».

24 décembre 1285. — [Chap. 61] : *Comment serjans ne puet aquerir en franc-lue que on tient de fyé.* — « Comme contens fust entre monssr Jehan de Joinville, d'une part, qui lors estoit senechaux de Champ. et gardoit Champ. pour le roi quant il estoit en Arragon aveuc son pere, et Guill. dou Chatelet, de l'autre part ; sus ce que li dis senechaux disoit, que Guill. dou Chatelet avoit à la Ferté une maison et autres heritages, achaptéz en franc-leu que on tenoit du fyé dou roy, san congié dou Roy, etc..... La coustume enquise, li abbés de saint Denis, qui lors gardoit France pour le roy, et messires de Neelle raporterent par jugement à Paris, le lundi devant [Noël], l'an IIII. XX. III (*lire :* V), que Guill. dou Chatelet ne autres serjans ne puet aquerir en franc fyé, qui ne perde l'argent et l'iretage, s'il ne l'aqueste par le congié du signeur. A ce jugement randre fuerent : messires Robert d'Artois, li contes de Pontis, maistre Gautier de Chamberi, messires Jacques de Boloigne, li doiens de Tours, maistre Jehans de Vausenne, [messr. Robert de Harecour], Renaux Barbe, maistres Ancians de Montesgu, et maistre Florens de Roie [et plusieurs autres] ».

[**Octave de la Pentecôte 1287**] (3). — [Chap. VII] : *De noble home qui prant borjoise.* — « Ce fut raportei pour dame Marie, fille(4) Guichart de la Porte, femme Erart de Prevoireville, contre Maidame de Werdelot, suer audict Erart. A cest jugement furent messrs. Jehans de Joinville(5), li seneschaux de Champ. (6), messires Guill. sires de Jully, messires [Jehans

Guillelmo d'Alement ballivo Trecensi, [Oudardo de No]vavilla ballivo Senonensi, Hugone de Calvomonte quondam ballivo Vitriaci, et pluribus aliis ».

(1) Cette erreur de date existe dans P, M, B, C, D. On lit dans A : « *Le mardi devant Noël l'an 1284* », date également erronée.

(2) B. de Richebourg a par erreur imprimé « Bretaigne ».

(3) Ce jugement n'est pas daté ; mais la date ressort du chap. IX, qui suit et qui vise les juges « *devant nomez* ».

(4) Le ms. P, f° 4 v°, porte par erreur « *feme* ».

(5) Le ms. P, f° 4 v°, s'arrête là ; mais il reprend la suite au f° 5.

(6) Le ms. A porte : *qui lors gardoit Champaigne.*

sires] de Chapes, messires [Gautiers, sires] d'Arzillières, messires [Jehans, sires] de la Noueroie, messires [Gautiers] du Plaissie, messires de Broies, messires Piere de la Malemaison, et Guill. du Chatelet ».

Même date. — [Chap. IX] : *De descendue de pere et de mere.* — « Ceste costume fut enquise a Troies, pour Maidame Helisant d'Arceys, feme monssr. Gauthier de Merey, qui demandoit à avoir eschote dou chatel de Chacenay, contre monssr. d'Arceys et monsignr Erart et les autres freres. Rapportei fut, as octaves de la Pentechoste, l'an M. CC. IIII. XX. et VII, que elle ni auroit noiant, se ce n'estoit d'alué ou de cencive. A ce jugement fuerent cil desvant nomez ».

Nativité 1287. — [Chap. XXXIII] : *Comment on use d'asseurement.* — « Il fui raportei à Troies, [l'an IIII. XX. VII], pour autel cas, pour le signour de Chapes, contre monsignr. Erart d'Arceis..... Ce fui jugié par mestre Gautier de Chamberi, evesques de Senlis, frere Ernoul de Grisomale, Gilie de Compengne, Florens de Roie, monssr. Jehan de Ville-Blovains, qui estoit bailliz de Troies, et monsignr Jacque de Bologne, evesque de Terouene» (1).

1288. — Chap. LI : *Des productions des tesmoings et du peril du deffault* (2). — « Ce fui jugié à la Fertey, pour ces de Clervaus, contre monssr. de Chatelvillain, l'an IIII. XX. et VIII, par Guill. de Hanget, baillif de Chaumont ; à donc quant *li dis* (*sic*) Symons offroit à prover, etc... ».

[**Ascension 1288.** — Liste des commissaires « tenant les Grands Jours de Troyes », dans Brussel, *op. cit.*, p. 247, en note (3)].

[**Nativité 1288.** — Liste des mêmes commissaires, *ibid.*, p. 247, en note (4)].

(1) Cfr. dans Brussel, *op. cit.*. p. 247, en note, la liste des commissaires du parlement aux Grands Jours de Troyes de la Nativité 1287 : « Aresta, judicia, consilia, et praecepta facta in diebus Trecensibus incipientibus in crastino nativitatis beatae Virginis Mariae, anno Domini M° CC° octogesimo septimo, expedita per discretos viros et honestos fratrem Arnulphum de Wis[emale], fratrem militiae Templi, Guillelmum dominum de Granceys, et Robertum de Haricuria pictavensem thesaurarium, dictos dies Trecenses pro domino rege tenentes ».

(2) Cette rubrique est celle de l'édition imprimée ; celle du ms. P, f° 15-v°, est très longue, et nous croyons inutile de la reproduire. Même remarque pour M et B.

(3) « Aresta, judicia, consilia, et praecepta dierum Trecensium incipientum die Lunae antè Ascensionem Domini, anno Domini M° CC° octuagesimo octavo, expedita per reverendum patrem in Christo G. Dei gratia Silvanectensem episcopum, et per discretos viros magistrum Aegidium Lamberti, dominum Guillelmum dominum de Granceyo, et Aegidium de Compendio ».

(4) « Aresta, judicia, et praecepta facta et expedita diebus Trecensibus

Mi-carême 1289 (*n. st.*). — Liste des mêmes commissaires, *ibid.*, p. 247-248, en note (1)].

1289. — [Chap. XVIII] : *Comment on doit relief d'eschoite qui vient de costé.* — « Jugié fut à Paris pour le duc de Bourgoigne et l'evesque de Langres, contre le signour d'Arceis, qui voloit garantir monsr. Erart et ses freres, qui tenoient de lui. Il convint qui repreissent dou duc et de l'evesque de droit de la terre de Chacenay. Ad ce faire fuerent li abbes de Saint Denis, li sires de Neelle, messires Jacques de Beloigne, maistres Gautiers de Chamberi, li cuens de *Poitiers* (2), Renaux Barbous. Et fut fais ce jugemans, l'an M. CC. IIII. XX et IX (3) ».

1289. — [Chap. XX] : *D'enfent qui demourent de pere et de mere, comment li ainsnés doit avoir des puisnéz.* — « Ce fui jugié à Chatelvillain l'an IIII. XX. et IX, contre Guiot, frere Perrin d'Arc, qui demandoit à Simonin, frere la feme audit Guiot, partage d'une maison, etc... A ce jugié fut messires Mille de Semur, chanoine de Chaalons, Guill. Alexandres, baillis de Chaalons, messires [Guill.], sires de Jully, messires Hues Chauderons, [messires Guy, ses frere], messires Jehan de Mellot, Guill. dou Châtelet [et plusieurs autres, à grant fouison] ».

[**Nativité 1289**. — Liste des commissaires « tenans les Grands Jours de Troyes », dans BRUSSEL, *op. cit.*, p. 248, en note (4)].

incipientibus die mercurii in octavis nativitatis beatae Virginis Mariae anno domini M° CC° octuagesimo octavo, praesentibus reverendo in Christo patre G. Dei gratiâ Silvanectensi episcopo, Guillelmo domino de Granceyo, et Ægidio de Compendio, dies Trecenses pro domino rege tenentibus, anno et diebus antedictis ».

(1) « Arresta, judicia, atque consilia facta et expedita in curia Campaniae per venerabiles viros et discretos dominum ac magistrum Simonem Matisfardi in ecclesia Remensi archidiaconi (*sic*), fratrem Arnulphum de Wisemale militem fratrem militiae Templi, et dominum Guillermum militem dominum de Granceyo, una cum Ægidio de Compendio et Oudardo de Novavilla [.....] Silvanectensi ballivo, dies Trecenses pro domino Campaniae et de ipsius speciali [mandato] tenentes, anno domini M° CC° octuagesimo octavo, die jovis ante mediam quadragesimam » (10 mars 1289).

(2) Il faut lire : *Pontif*, forme exacte donnée par A.

(3) Cette date est un peu incertaine. Les plus anciens mss portent en effet M. CC. IIII. XX et XIX (P, M; date adoptée par Pithou), ou : M. CC. IIII. XX et XII (T). Les mss A et B donnent 1289. Les deux premières dates doivent être écartées ; car deux des personnages nommés au texte, Gautier de Chambly, évêque de Senlis, et l'évêque de Langres sont morts, le premier avant avril 1292 et le second en mai 1291. Cfr. *Olim*, t. II, p. 343.

(4) « Arresta, judicia, et praecepta facta diebus Trecensibus incipientibus in crastino Nativitatis beatae Mariae Virginis, facta per reverendum in Christo

Carême 1290 (*n. st.*). — [Chap. LXIII] : *Comment cil qui est pris en present mesfait* [*ne peut avoir*] *court à autre signour fors que en qui où il a fait le mesfait.* — « Comme contens fui entre les gens l'evesque de Langres et Guill. de Lenget (*sic*), qui lors estoit ballis de Chaumont, d'autre part : sus ce que les gens l'evesque queroient à recreance lor gens de Lusey que lidis ballis tenoit en prison ; etc... Il fut raporté en jugement. ou Val des Escoliers, le jour de Bordes, l'an IIII. XX et IX, que li baillis ne feroit point de recreance ; mais il les feroit issir hors de prison pour eux oïr parler, ainsi que il est dessus dis. Se il le cognoissoient, il joiroit : s'ils noient, il prouveroit, *iqui mesmes*. A ce jugement fuerent messires Etiennes de Chaalons, sire de Vaignoury, messires [Jehan] de Choisuel, mesires Guy Chauderon, messires Jofroy de Visennecort, messires Gautiers de Roches, mes. Guys de Marfois, messires Gilles de Noigent. [messires Jehan de Recey, messires Regnauz de Nouiers], Guill. dou Chatelet, Wiart de Saint-Berain, qui fut (1) ballis de Langres, Geros de Montegney, Michelot de Choilli, et Robers de Noigent, escuiers, et plusieurs autres ».

Même jour. — [Chap. LXIV] : *Comment recreance ne se doit faire de heritages saisiz, fort que là où sieent* (2). — « Comme contens fust des gens l'evesque de Langres, d'une part, et Guillaume de Langet d'autre, qui lors estoit ballis de Chaumont, sus ce que les gens l'evesque avoient saisi plushors heritaiges ès Villes-l'evesque, et en sa justice, qui estoient as bourgois de Langres qui estoient en leaul bourgoisie à Chaumont ; etc... Sus ce, il fui raportei, et par droit, le jour des Bordes, l'an IIII. XX et IX, [oudit Val des Escoliers], et en la presence desus nemés en l'autre jugement devant dit qu'il convenroit qu'il alassent aus leux ou li heritages seoient, et mettroit on juge qui lor feroit droit, et lor feroit recreance, se] celle ci a feroit à faire. Et l'autre moitié de ces desus dis s'en descorderoient ; et pour ce on ala en France : Et fui rapportei par le Pallement, l'an IIII. XX et XI, par tout le conseil le roy, que li jugemens estoit bons ; etc. »

[**1290**] (3). — [Chap. XXXVI] : *Comment on adjourne garant.*

patrem G. Dei gratia Silvanectensem episcopum, magistrum Johannem de Waissona Brugensem ar[chidiaconum] in ecclesia *Carnotensi* (lisez : Tornacensi), Guillelmum militem dominum de Granceyo, una cum Ægidio de Compendio domini regis Francorum [.....] familiari, et Oudardo de Novavilla balliviae Silvanectensis ballivo anno domini M° CC° octogesimo nono ».

(1) B : *qui lors estoit.*

(2) Cette rubrique est celle de l'édition imprimée ; à la place, le ms P, f° 17, a un titre très long, de sens analogue, qu'il est inutile de reproduire.

(3) Ce jugement n'est pas daté ; mais, d'après les noms des juges, il semble bien être contemporain des deux précédents.

et comment garant pledoie quant il est adjourné. — « Et de ce ot messires Renaus [de Noiers] consel, pour la besoigne Renier de Brecons, et l'abbesse de Poulengey; quant Reniers entra en garentie, pour chapitre de Chatelvillain, dou melin d'Orge, que on dit alaue monsignr de Julli. Ce fui present monssr. de Julli, monssr. Hue Châderon, monssr. Guy Châderon, monssr. Gautier de Roiches, Guill. de Hanget, baillif de Chaumont, Girart de la Porte, et Guill. dou Chatelet, [et plusieurs autres] ».

Carême 1290 (*n. st.*). — [Chap. LXV] : *Comment li rois doit cognoistre de convenences qui sont faites ou reaume*, etc. — « Le mardi devant le meiquaresme, l'an IIII. XX et IX (1), estoit contens meus par desvant le balli de Chaumont, à Andelot, entre monssr Guion Chauderon et Marguerite sa fille, d'une part, et monssr Maheu de Nonveant, signour de Tramblecourt, d'autre part, etc... »

1290. — [Chap. XLIV] : *Comment donners et retenir ne vaut neant.* — « Ce fui jugié à Chatelvillain, pour les hoirs monsignour Garniers de Creancey contre le maiour de Creancoy, à cui lidis Garniers avoit donné une maison à Chastelvillain, et fui mors lidis Garniers saisis; une soie suers l'emportai contre le maiour. Ce fui jugié l'an IIII. XX et X ».

[**Nativité 1290**. — Liste des commissaires « tenans les Grands Jours de Troyes », dans Brussel, *op. cit.*, p. 238, en note (2)].

[**Nativité 1291**. — Liste des mêmes commissaires, *ibid.*, p. 248, en note (3)].

1295. — [Chap. LIII] : *Comment femme serve quant elle prent home franc*, etc... — « Et fui rapporté aus jours de Troies, par le conseil des maistres tenans les jours, l'an M. CC. IIII. XX. et XV, par la bouche Florant [de Roie], aux Requestes ».

(1) C'est-à-dire le 7 mars 1290.

(2) « Arresta, judicia, et praecepta facta diebus Trecensibus incipientibus anno Domini M° CC° nonagesimo, die dominica post nativitatem beatae Mariae Virginis, praesentibus domino Guillelmo domino de Granceyo, milite, magistro Stephano Becardi decano Senonensi, Ægidio de Compendio, Odardo de Nonavilla ballivo Silvanectensi, et magistro Guillielmo cancellario Campaniae, dictos dies pro domino rege tenentibus ».

(3) « Arresta, judicia et explecta dierum Trecensium incipientium die dominica in festo beatae [Mariae Virginis] M° CC° nonagesimo primo, praesentibus reverendo in Christo patre domino Silvanectensi episcopo, domino Stephano Becardi decano Senonensi, domino Petro decano S. Quiriacii, [.....] de Wisemale fratre militiae Templi, magistro Martino Campaniae camerario, [.....] Joinville Campaniae senescallo, Odardo de Nonavilla ballivo Silvanectensi, [......] de Montedd. clerico domini regis Franciae, deputatis pec dictum dominum [ad dies Trecenses] tenendos ».

1295. — [Chap. LVI] : *Comment dame veve puet tenir son douaire de fyé de son fil ou de son fillatre*, etc. — « Ce fui rapportei par Florent de Roie, ès jours à Troies, l'an IIII. XX. et XV (1) ».

1295. — [Chap. LIX : *De aler au souverain par deffaut de droit*]. — « Ce fu enquis aux Jours à Troyes. l'an IIII. XX. et XV, pour Madame de Maisy et pour les enfans de la Forestière de Chacenoy, qui disoient que ladicte dame leur avoit faict faute de droict (2) ».

APPENDICE II

Notes biographiques sur les divers personnages nommés par Guillaume du Châtelet.

Pour faciliter les recherches dans ces Notes biographiques, nous avons réparti les divers personnages nommés dans l'ancien Coutumier de Champagne en *trois* catégories : 1° membres du Parlement (*magistri parlamenti*) et commissaires tenant les Grands Jours (*dies Trecenses pro domino rege tenentes*); 2° barons et chevaliers de Champagne; 3° officiers du comté. Dans chaque catégorie, nous avons suivi l'ordre alphabétique.

§ I. — Membres du Parlement.

1. — **Artois** (Mgr Robert II, comte d'), dit le Noble, personnage connu. Né en 1250, fils posthume de Robert Ier, comte d'Artois, et de Mathilde de Brabant, cousin germain de Philippe le Hardi, « aventurier prodigue et téméraire », il fit hommage à Philippe le Hardi le 27 août 1270, assista à son sacre le 15 août 1271, le reçut ensuite en grande pompe à

(1) Le ms. M porte : *lou jour dessus dit.*

(2) Il y a encore dans le Coutumier quelques autres jugements cités, mais sans date, ni noms de juges (chap. 6, 11, 17, 25, 55). Il est très possible, à raison de leur forme, que ces citations ne soient pas l'œuvre de Guillaume du Châtelet.

Arras, se montra très courroucé du mariage de sa sœur, Blanche d'Artois, veuve d'Henri III, comte de Champagne, avec Edmond de Lancastre (1275), prit part à la campagne de Navarre et au siège de Pampelune en 1276, intrigua pendant les années 1277-1278 contre le favori Pierre de la Broce, dont il finit par amener la disgrâce et le supplice, prit part à la campagne d'Italie qui suivit les Vêpres Siciliennes (1282), et à celle de Flandre, où il fut tué le 11 juillet 1302 (1). Il plaidait au Parlement contre l'évêque d'Arras en 1270 (*n. st.*), contre le bailli d'Amiens en 1278, contre l'abbé de Saint-Waast en 1293, 1295, 1298 (2). Il y siégeait comme pair le 24 décembre 1285 (3).

2. — Barbou (Renaut), l'un des membres les plus actifs du Parlement sous Philippe le Hardi. En 1269, encore simple bourgeois de Chartres, il fut chargé d'une enquête par saint Louis, devint en 1270 prévôt de Paris, et en 1272 bailli de Rouen, fonctions qu'il garda jusqu'en 1288. Cela ne l'empêcha pas de siéger à diverses sessions du Parlement dès 1278; l'ordonnance rendue cette année-là le charge même de prendre la parole le premier « à oïr les causes ». On y constate sa présence en 1278, dans l'octave après l'Epiphanie 1280 (*n. st.*), le 2 décembre 1281, le lundi après l'Epiphanie 1282 (*n. st.*), où il « rend l'arrêt », en 1282, à la Pentecôte 1283, le 24 décembre 1285. En 1288, il est remplacé comme bailli de Rouen par Gautier Bardin, et se consacre plus complètement au service du Parlement. En 1289, il est député aux comptes. L'ordonnance de 1296 (?) le désigne pour la chambre aux plaids, et déclare « qu'il rendra les arrêts »; il recevait pour cet office 600# par an. Il possédait une maison près du palais de la Cité, à Paris (4). Il mourut en 1298.

3. — Boulogne (Jacques de), évêque de Thérouanne, figure au Parlement dès 1278. On l'y retrouve en 1282, les 20 et 24 décembre 1285, en 1286 (parmi les « clercs du conseil », ayant 5 sols de gages par jour), en 1287, année où il fut désigné pour aller aux Grands Jours de Troyes tenus à la Nativité, et enfin en 1289 (5).

(1) Cfr. Langlois, *Le règne de Philippe III*, Paris, 1887, in-8°, *passim*.

(2) Cfr. *Olim*, t. I, p. 318 (procès intéressant les fortifications d'Arras); t. II, p. 127, 364, 381, 420.

(3) *Coutumier*, chap. 61.

(4) *Coutumier*, chap. 43, 61: — *Olim*, t. I, p. 322, 402, 847; t. II, p. 218, 259; — Borelli de Serres, *op. cit.*, t. I, p. 555, 212, 218, 314, 329; — Brussel, *op. cit.*, p. 489; — Langlois, *Textes*, *op. cit.*, p. 97, 107, 111, 226, 114, 149, 163, 220; — Langlois, *Phil. le Hardi*, *op. cit.*, p. 44, en note; — J. Havet, *Œuvres*, *op. cit.*, t. II, p. 259.

(5) *Coutumier*, chap. 43, 62, 61, 53, 18; — *Olim*, t. II, p. 218, 259; — Langlois, *Textes*, *op. cit*, p. 129.

4. — **Bourgogne** (Robert II, duc de), roi titulaire de Salonique, troisième fils de Hugues IV de Bourgogne et d'Yolande de Dreux, a succédé à son père en octobre 1272, mais non sans quelque difficulté ; il eut à lutter contre les filles de ses frères aînés, Eudes et Jean, épouses de Robert de Flandre et de Robert de France, comte de Clermont. il se refusait aussi à démembrer le duché de Bourgogne, dont Hugues IV avait donné une partie à son plus jeune fils, Huguenin. Robert II triompha de ces difficultés grâce à l'appui de Philippe le Hardi, dont il était à la fois le beau-frère par son mariage avec Agnès de France, fille de saint Louis, et l'oncle par alliance par suite du mariage du roi avec Marie de Brabant, sa nièce (1274). Par reconnaissance, il laissa le roi contrôler l'administration de la Bourgogne. Il aida à la disgrâce du favori Pierre de la Broce, et assista à son supplice le 30 juin 1278. L'année suivante, le roi le nomma « chambrier de France », fonction qu'il conserva sous Philipe le Bel. Son nom figure souvent aux *Olim*, soit comme plaideur, soit comme juge : c'est à ce dernier titre qu'il assista au Parlement dans l'octave de l'Epiphanie 1280, le 1er mars 1284, le 20 décembre 1285. En 1291 et 1292, il liquide la succession de Béatrix de Montréal, sa « marâtre », veuve de Hugues IV. L'ordonnance de 1296 (?) le désigne pour faire partie de la « chambre aux pléz » en qualité de baron. Il mourut en mars 1306 (1).

5. — **Challon** (Pierre), doyen de Saint-Martin de Tours, envoyé par le roi pour réformer les sénéchaussées de Toulouse et d'Agenais en 1277, et pour « oïr les causes » à Toulouse en 1280. Il était garde des sceaux en mars 1285, et le resta, selon toute vraisemblance, jusqu'à la fin de 1289 ; il fut alors remplacé par Jean de Vaussoigne. Il siégeait en décembre 1285 au Parlement, et figure en 1296 (?) parmi les conseillers clercs de la chambre aux plaids (2).

6. — **Chambly** (messire Gautier de), aliàs *Chambry*, conseiller clerc au Parlement, où il resta toute sa vie : il y apparait dès 1262 ; il y était encore en 1289. Il y fut chargé de nombreuses enquêtes, et pendant quelque temps de la fonction de « clerc du Temple », quasi-héréditaire dans sa famille (1274). Les qualifications qui lui sont données dans les divers documents qui le concernent permettent d'établir toute sa carrière ecclésiastique. Il est chanoine de Senlis en 1262, chapelain du

(1) *Coutumier*, chap. 62 ; — LANGLOIS, *Phil. le Hardi*, *op. cit.*, p. 214-217, 21, 30, 37, 82, 207, 191, 289 ; — LANGLOIS, *Textes*, *op. cit.*, p. 107, 118, 150, 162 ; — *Olim*, t. II, p. 66, 69, 85, 121, 145, 149, 154, 159, 207, 235, 327, 340, 342, 343, 375 ; — BORELLI DE SERRES, *op. cit.*, t. I, p. 331.

(2) *Coutumier*, chap. 62, 61 ; — LANGLOIS, *Phil. le Hardi*, p. 301, 329, 311 ; — BORELLI DE SERRES, *ibid.*, p. 331, 382 ; — *Olim*, t. II, p. 386 ; — LANGLOIS, *Textes*, *op. cit.*, p. 163.

roi en 1267, clerc du roi et archidiacre de Meaux en 1271 et 1272 (époque où il élimine du conseil de Noyon cinq membres compromis), archidiacre de Coutances en janvier 1280 et décembre 1284, évêque de Senlis en décembre 1285. Il doit sans doute à ce dernier titre d'être nommé le premier parmi les « clercs de conseil » dans l'ordonnance de janvier 1286. Il assista fréquemment aux Grands Jours de Troyes, notamment aux sessions de la Toussaints 1284, de la Nativité 1287, 1288, 1289, 1291. Il mourut peu apres, en tout cas avant avril 1292 (1).

7. — **Compiègne** (Gilles de), aliàs *Egidius de Compendio*, fut de 1273 à 1279 bailli de Sens, et en cette qualité choisi en 1274 pour administrer la régale de l'évêché de Noyon. En 1283, on le retrouve garde de la prévôté de Paris. En 1286, il est désigné, avec Pierre de Sargines et Jehan Mallière, « pour ouïr les plaids de la porte »; il devait avoir « autant de gages comme Pierre de Sargines et manger avec les chambellans ». Il a très souvent siégé aux Grands Jours de Troyes, notamment aux sessions de la Toussaints 1284, de la Nativité 1287, de l'Ascension et de la Nativité 1288, de la Nativité 1289 et 1290. Il est qualifié en 1289 « familier du roi » (2).

8. — **Grancey** (messire Guillaume, sire de), chevalier, figure à la séance du Parlement du 20 décembre 1285. Il a été très souvent désigné pour aller aux Grands Jours de Troyes, notamment à la Nativité 1287, aux sessions de 1288 et 1289, à la Nativité 1290 (3).

9. — **Harecourt** (messire Robert de), *Robertus de Haricuria*, siégeait au Parlement le 24 décembre 1285. Il est désigné en janvier 1286 pour faire partie des « clercs du conseil » et à la Nativité 1287 pour assister aux Grands Jours de Troyes; il était alors trésorier de Poitou (4).

10. — **Le Bas** (Gui), en latin *Guido Bassi*, qualifié en 1269 : « chevalier du roi », procéda cette même année, avec trois autres commissaires, à l'enquête nécessitée par le procès de Robert d'Artois avec l'évêque d'Arras (*suprà*, n° 1). Resté au service de Philippe le Hardi, il siégeait au Parlement en 1278,

(1) *Coutumier*, chap. 43, 13, 62, 61, 33, 18; — *Olim*, t. I, p. 154, 256, 376, 875, 885 : t. II, p. 75, 218; — LANGLOIS, *Textes*, p. 87, 107, 226, 114, 118, 129; — BRUSSEL, *ibid.*, p. 859, 860, 247-248; — BORELLI DE SERRES, *ibid.*, t. I, p. 145, 241.

(2) *Coutumier*, chap. 13, 33; — BRUSSEL, *ibid.*, p. 488, 247, 248; — BORELLI DE SERRES, *op. cit.*, p. 133-134; — LANGLOIS, *Phil. le Hardi*, p. 194, en note, p. 318; — LANGLOIS, *Textes*, p. 130.

(3) *Coutumier*, chap. 62; — BRUSSEL, *ibid.*, p. 247-248.

(4) *Coutumier*, chap. 61; — LANGLOIS, *Textes*, p. 129; — BRUSSEL, *ibid.*, p. 247.

1280, mars 1284. Il y plaidait en 1286 contre Jean de Linières et ses fils, et contre l'évêque d'Orléans. En mars 1282, il avait par son habileté fait échouer le complot d'Aimery de Narbonne. Il déposa comme témoin dans le procès de canonisation de saint Louis (1).

11. — **Mont** (messire Jehan du) est mentionné dans l'ancien Coutumier de Champagne comme « chevalier du roi »; il siégeait au Parlement en 1278; c'est tout ce qu'on sait de lui (2).

12. — **Montaigu** (maître Anseau de), *Ansellus de Monte-Acuto*, est chargé par le Parlement en 1276, concurremment avec le bailli de Vermandois, de nommer trois échevins à Châlons. Il reçoit de Philippe III un augment de fief; assiste aux Grands Jours de Troyes en 1278, décembre 1284 et décembre 1285; est témoin, au mois de mars 1284 (*n. st.*), dans l'enquête par turbes ordonnée par le roi pour connaître l'âge de la majorité des femmes en Champagne; et plaide au Parlement en 1286, en qualité de procureur du sire de Coucy (3).

13. — **Néelle** (Mgr Simon de Clermont, sire de), *Symon de Claromonte, dominus Nigelle*, ou plus simplement : *dominus Nigellensis*, « chevalier du roi », est un personnage important de la cour de saint Louis. Pendant la croisade d'Égypte, il fit partie du conseil de la reine Blanche (4). Il épousa en 1248 Alix de Montfort, troisième fille d'Amaury V. Il fut régent du royaume avec Mathieu de Vendôme, abbé de Saint-Denis, lors de la croisade de Tunis en 1270, et de nouveau lors de la campagne d'Aragon en 1285. Il mourut en 1288. Son nom figure dans presque toutes les sessions du Parlement depuis la Chandeleur 1259 (*n. st.*) jusqu'à décembre 1285. En décembre 1284, il assiste aux Grands Jours de Troyes. Il plaidait en 1258 contre l'abbé de Prémontré, en 1268 et 1270 contre l'abbesse de N.-D. de Soissons, en 1271 contre l'évêque de Noyon (5).

14. — **Néelle** (Robert II de Clermont, sire de), fils du précédent et d'Alix de Montfort, armé chevalier en 1268, nommé

(1) *Coutumier*, chap. 43; — *Olim*. t. I, p. 320; t. II, p. 254; — LANGLOIS, *Textes*, p. 107, 118; — LANGLOIS, *Phil. le Hardi*, p. 40, 44, 192.

(2) *Coutumier*, chap. 43.

(3) *Coutumier*, chap. 5, 61; — *Olim*, t. II, p. 78, 80, 256; — BRUSSEL, *ibid.*, p. 859; — VIOLLET, *Et. de saint Louis*, *op. cit.*, t. III, p. 167.

(4) Cfr. *Olim*, t. I, p. 769 : « ... qui tunc temporis erant de consilio dicte regine Blanche ».

(5) *Coutumier*, chap. 43, 62, 61; — *Olim*, t. I, p. 51, 76, 461, 128, 167, 717, 732, 327, 769, 771, 386; — BRUSSEL, *ibid.* — JULES TARDIF, *Monum. hist.*, n° 930; — LANGLOIS, *Textes*, p. 49, 62, 63, 225, 87, 90, 107, 226, 118; — LANGLOIS, *Phil. le Hardi*, p. 48, 254, 354, 417, 452, 458.

connétable de France en août 1285, tué à la bataille de Courtray, le 11 juillet 1302. Il assistait au Parlement en 1289 (1).

15. — Néelle (Jean III de), seigneur de Falevy-sur-Somme, *Johannes de Falevy, comes Pontivi*, devint comte de Pontieu en 1260, par son mariage avec Jeanne de Dammartin, fille et héritière de Marie de Pontieu, et veuve de Ferdinand le Saint, roi de Castille; devenu veuf le 16 mai 1279, il ne cessa pas de porter le titre de comte de Pontieu, « li quens de Pontif ». Sa femme lui avait laissé l'usufruit de ses conquêts, dont elle avait légué la propriété à son petit-fils Jean de Pontieu, *armiger* (2). Jean de Néelle a joué un rôle actif au Parlement, où son nom figure fréquemment de 1261 à 1290 (Chandeleur 1261, Pentecôte 1268, 1275, 1278, Pentecôte 1279, Toussaints 1281, 1er mars 1284, Toussaints 1285, 20 et 24 décembre 1285, Toussaints 1287, 1289, Pentecôte 1290). En 1284 (*n. st.*), il dirige l'enquête relative à la majorité de Jeanne de Navarre, et s'intitule « *quondam comes Pontivi* ». En 1285, pour 62 jours de service au parlement de la Toussaints, il reçoit 62# parisis. En 1296, il touchait du roi une pension viagère de 1.000# (3).

16. — Roye (Florent de), légiste paraissant avoir été attaché spécialement aux affaires de Champagne. Il est envoyé à Troyes avec Anseau de Montaigu en 1278, figure avec lui comme témoin dans l'enquête par turbes relative à la majorité de Jeanne de Navarre en mars 1284 (*n. st.*), assiste quelques mois plus tard (nov.-déc. 1284) aux Grands Jours de Troyes (4), de nouveau à la session de la Nativité 1287, et enfin en 1295, où il joue le rôle de rapporteur. Il assistait au Parlement le 24 décembre 1285. En 1296, il était garde ou « maître » des foires de Champagne (5).

17. — Vaussoigne (maître Jehan de), *Johannes de Vassona*, clerc, assiste aux Grands Jours de Troyes en nov.-déc. 1284, déc. 1285, et de nouveau à la Nativité 1289. Il était alors

(1) *Coutumier*, chap. 18; — *Olim*, t. I, p. 732, parl. de l'oct. de la Toussaints 1268 : « pro filio suo primogenito facto novo milite »; — Borelli de Serres, *ibid.*, t. I, p. 331, note 1; — Jules Tardif, *ibid.*, n° 984 (Paris, janv. 1296).

(2) *Olim.*, t. II, p. 160.

(3) *Coutumier*, chap. 43, 62, 61, 18; — *Olim*, t. I, p. 128, 715; t. II, p. 62, 131, 38, 274; — Langlois, *Textes*, p. 118, 122, 150; — Langlois, *Phil. le Hardi*, p. 212; — Viollet, *loc. cit.*, p. 166-168; — J. Havet, *ibid.*, p. 255.

(4) Il reçoit à cette occasion XX# de gages pour 19 jours de service (cfr. le fragment de comptes de 1285 publié par Brussel, *ibid.*, p. 247, et plus complètement par d'Arbois de Jubainville, t. II, p. LXXIV).

(5) *Coutumier*, chap. 5, 13, 33, 53, 56; — Brussel, *ibid.*, p. 860; — Viollet, *ibid.*, p. 167; — Langlois, *Textes*, p. 216; — J. Havet, *Ibid.*, p. 255.

archidiacre de Bruges en l'église de Tournay. Il devint garde du sceau en janvier 1290, puis évêque de Tournay en 1292 ; il mourut en 1300 (1).

18. — **Vendôme** (maître Gilles de) assistait en novembre 1284 aux Grands Jours de Troyes ; il n'est pas nommé ailleurs, à moins qu'il ne faille l'identifier avec *Geoffroy* de Vendôme que l'ordonnance de 1296 (?) désigne pour siéger à la Chambre aux plaids parmi les conseillers laïques (2).

19. — **Vendôme** (Mathieu de), abbé de Saint-Denis, personnage connu. En novembre 1260, il avait avec Thibaut V, comte de Champagne, une contestation qui fut réglée par des arbitres. Très aimé de saint Louis, il fut le premier ministre de Philippe III, « qui lui bailla toutes les causes et besongnes de son roiaume, ainsi que son père le faisoit » (G. de Nangis). Il gouverna la France pendant quinze ans « avec sagesse et prudence ». En 1270, il fut nommé regent du royaume, avec le sire de Néelle, pendant la croisade de Tunis, et de nouveau en 1285, pendant la guerre d'Aragon, entreprise malgré lui. Il était assidu au Parlement, où on le voit siéger en 1270, 1278, à la Chandeleur et à la Toussaints 1283, en décembre 1285, en 1289, etc. Il déposa dans le procès de canonisation de saint Louis. « Mathieu de Vendôme, dit M. Langlois, avait gardé la tradition de saint Louis, c'est-à-dire l'amour de la paix, à l'extérieur ; à l'intérieur, l'amour de la justice et de l'ordre, combiné avec le respect scrupuleux des droits acquis. Il fut, quoique les chroniqueurs ne l'aient peint que par des épithètes vagues, le premier homme d'État de son temps (3) ».

20. — **Wisemale** (Arnoul de), *frater Arnulphus de Wisemale*, chevalier de la milice du Temple, prend part en novembre 1276 au traité conclu par Robert d'Artois avec Alphonse X de Castille au sujet de Jeanne de Navarre, sa nièce ; dirige, avec Gautier de Chambly, l'enquête qui aboutit à la disgrâce et à la condamnation du favori Pierre de la Broce (1278) ; et est envoyé la même année, avec Gautier de Chambly, dans les Pays-Bas, pour essayer d'y rétablir la paix. Il assistait au Parlement le 1er mars 1284, et aux Grands Jours de Troyes aux sessions de la Nativité 1287, du Carême 1289, de la Nativité 1291. Il mourut avant Pâques 1292, ainsi qu'en témoigne

(1) *Coutumier*, chap. 13, 61 ; — BRUSSEL, *ibid.*, p. 859, 860, 248 : « ... Brugensem arc[hidiaconum] in ecclesia Carnotensi (*lire* : Tornacensi) » ; — BORELLI DE SERRES, *op. cit.*, t. I, p. 382.

(2) *Coutumier*, chap. 13 ; — cfr. LANGLOIS, *Textes*, p. 163.

(3) *Coutumier*, chap. 43, 62, 61, 18 ; — TEULET et DE LABORDE, *Layettes du Trésor des Chartes*, t. III, p. 556 ; — *Olim*, t. I, p. 807, 812, 828 ; t. II, p. 121, 218, 228, etc. ; — LANGLOIS, *Phil. le Hardi*, p. 9, 40, 41, 48, 149, 254, 280-281, 434, 447, 452 ; — etc.

son épitaphe. Il était depuis 1289, au moins, grand maître de l'Hôtel le Roi (1).

§ II. — **Barons et chevaliers de Champagne.**

21. — **Acre** (Jehan de Brienne, dit Jehan d'), *Johannes de Acon*, deuxième fils de Jean de Brienne (mort en 1237, roi de Jérusalem et empereur régent de Constantinople), personnage connu. Amené deux fois en France, Jean d'Acre s'y était fixé en épousant Jeanne de Châteaudun, veuve de Jean comte de Montfort. Très apprécié de saint Louis, il fut nommé bouteiller de France en 1258, et perçut avec soin les « 100 *solidi* » qu'évêques et abbés nouvellement promus lui devaient à ce titre. Philippe le Hardi l'envoya en ambassade auprès du pape Grégoire X en 1272, et auprès d'Alphonse X de Castille en 1275. Il parvint à ramener d'Espagne saine et sauve la malheureuse Blanche de France, sœur du roi, veuve de Fernando de la Cerda. En 1276, il est chargé par Edmond de Lancastre, baillistre de Champagne pendant la minorité de Jeanne de Navarre, de gouverner le comté en son nom. C'est en cette qualité qu'il présidait les Grands Jours de Troyes. En 1279 et 1280, les habitants de Provins s'étant révoltés, Edmond de Lancastre et Jean d'Acre se signalèrent par une répression cruelle qui terrifia la France. En 1281 seulement, Jean d'Acre consentit à rendre au maire de Provins les sceaux de la ville qu'il lui avait enlevés. Il cessa ses fonctions de gouverneur de Champagne à la majorité de Jeanne de Navarre, mais garda celle de bouteiller de France jusqu'à sa mort (1296). Il assiste en cette qualité au Parlement le 1er mars 1284 (2), et « oït » parfois les requêtes. En 1290, il siège à la cour des barons de Champagne; en 1292, il renseigne le greffier du Parlement sur la façon dont le droit de *prise* s'exerce à Paris (3).

22. — **Arcis** (Jehan, Erart, et Hélissende d'), *de Arceiis*. La seigneurie d'Arcis-sur-Aube était un des principaux fiefs liges du comté de Champagne. Jehan, seigneur d'Arcis, frère aîné, Erart, frère cadet, et Hélissende, femme de Gautier de Méry, sœur des deux précédents, sont plusieurs fois cités dans l'an-

(1) *Coutumier*, chap. 33; — LANGLOIS, *Phil. le Hardi*, p. 214-217, 21, 30, 37, 82, 207, 191, 289; — LANGLOIS, *Textes*, p. 107, 118, 150, 162; — *Olim*, t. II, p. 66, 69, 85, 121, 145, 149, 154, 159, 207, 235, 327, 340, 342, 343, 375; — BORELLI DE SERRES, *op. cit.*, t. I, p. 331.

(2) Il touchait alors 60 sols de gages par jour [LANGLOIS, *Textes*, p. 219].

(3) *Coutumier*, chap. 5, 42, 63; — D'ARBOIS DE JUBAINVILLE, *op. cit.*, t. IV, p. 449-451, 463; — LANGLOIS, *Phil. le Hardi*, p. 43, 64, 100, 249, 318, 356, 438; — LANGLOIS, *Textes*, p. 118; — *Olim*, t. I, p. 570, 573; t. II, p. 177, 228, 262, 348.

cien Coutumier de Champagne. En 1278, Jehan d'Arcis plaide au Parlement contre le duc de Bourgogne. En novembre 1284, Erart revendique devant les Grands Jours de Troyes des héritages vendus par ses serfs. En 1285, les deux frères plaident l'un contre l'autre à propos de la succession du « chastel de Chacenay », fief lige du comté de Champagne. Cette succession, qui leur était advenue « de costé » par la mort d'Alix de Chacenay, fut fertile en incidents. Furent successivement déboutés : le 20 décembre 1285, Jehan d'Arcis, qui prétendait au droit d'aînesse ; en juin 1287, Hélissende, qui réclamait une part du fief ; en 1289, Jehan d'Arcis, qui voulait « garentir » ses frères. En 1284, Jehan d'Arcis fut un des témoins de l'enquête par turbes relative à la majorité de Jeanne de Navarre. En 1287, Erart d'Arcis plaidait, à propos de bris d'assurement, contre le seigneur de Chappes (cfr. *infrà*, n° 27). Les deux frères comparurent à l'arrière ban qui fut convoqué en 1304, pour la guerre de Flandre (1).

23. — Arzillières (messire Gautier d'), *Galterus de Ardilleris*, vassal du comte de Champagne, assista aux Grands Jours de Troyes, en 1271 et en juin 1287 ; il fit partie en novembre 1314 des seigneurs confédérés pour soutenir les franchises de la Champagne (2).

24. — Broce (messire André de la) siégeait aux Grands Jours de Troyes en 1270 (3).

25. — Broyes (messire N. de), *dominus Brecarum*, reconnaît, en juin 1263, devant le roi de Navarre Thibaut V, être homme lige du comté de Champagne, à cause de la seigneurie de Broyes et de son château de Broussy. En 1278 et en juin 1287, il siège aux Grands Jours de Troyes (4).

26. — Châlons (messire Etienne de), sire de Rouvre et de Vignory, *dominus Wangionis-rivi*, chevalier, était fils de Jean de Châlons, dit le Sage, ancien comte de Chalon-sur-Saône et seigneur de Salins, et d'Isabelle de Courtenay, sa seconde femme. Il était devenu seigneur de Vignory et, comme tel, vassal lige du comte de Champagne « sauf la fidélité à l'empereur », par son mariage avec Jeanne, fille de « noble homme Gautier, sire de Waignory ». Il porta l'hommage lige du *chastel* de Vignory, « jurable et rendable à grant et petite force »,

(1) *Coutumier*, chap. 43, 13, 62, 9, 33, 17, 18 ; — VIOLLET, *ibid.*, p. 167 ; — BOUTIOT, *op. cit.*, t. II, p. 7.

(2) *Coutumier*, chap. 23-24, 7 ; — D'ARBOIS DE JUBAINVILLE, *op. cit.*, t. II, appendice, p. CXXVIII.

(3) *Coutumier*, chap. 19, 22.

(4) *Coutumier*, chap. 5, 7, 9 ; — D'ARBOIS DE JUBAINVILLE, *ibid.*, p. LI : « Dominus Brecarum recognovit anno Domini M° CC° LXIII°, coram rege Navarre et Bonia(?), dominica post sanctum Barnabam, se esse ligium domini Campaniae de Brecis, castro et villa de Brouciaco, etc. »

à Thibaut V, comte de Champagne, en décembre 1262, conjointement avec sa femme Jeanne. Il présidait la cour des barons de Champagne le jour des Brandons 1290 (*n. st.*). Il plaidait en 1310 au Parlement pour obtenir le *bail* des enfants du comte d'Auxerre. Il mourut peu après, laissant comme héritière sa fille Jeanne, mariée à Guillaume de Dampierre, sire de Saint-Dizier (1).

27. — Chappes (messire Jehan, sire de), *dominus Capparum*, vassal lige du comte de Champagne pour la seigneurie de Chappes et ses fiefs, dont il fit hommage à Thibaut V, siégea plusieurs fois aux Grands Jours de Troyes, notamment en 1270, 1271, et juin 1287 (2). En 1286, à la suite de dissensions avec Erart d'Arcis, il lui avait donné et en avait reçu un assurement solennel, en pleine cour des Grands Jours, selon l'usage de Champagne. Les deux adversaires firent ensuite la paix, puis le seigneur de Chappes viola cette paix et comparut de ce chef devant les Grands Jours à la session de la Nativité 1287. Erart d'Arcis l'accusait d' « assurement brisé ». Il fut en effet reconnu qu'il y avait eu assurement, mais en même temps jugé que la paix intervenue avait effacé l'assurement, et que le roi se contenterait de punir le seigneur de Chappes d'une amende. Cette amende dut être infligée ; car au parlement de la Pentecôte 1290, le seigneur de Chappes est obligé de donner des *plèges*, qui promettent « de le remettre en la prison le roi » dans la quinzaine de la fête de sainte Madeleine, si d'ici là il n'accomplit pas « ce qui est contenu en jugié fait en la court le roy à Paris ». La promesse des plèges, parmi lesquels se trouvaient Joinville et Guillaume de Jully, fut reçue par Jean de Beaumont, par l'illustre Philippe de Beaumanoir, chevaliers, et par Guillaume de Hangest, bailli de Chaumont (3).

28. — Chastelvillain (mgr Simon de), *de Castro Villani*, vassal lige du comte de Champagne pour Châteauvillain et tous les fiefs en dépendant, plaidait en 1288 par devant Guillaume de Hangest, bailli de Chaumont, siégeant à la Ferté-sur-Aube. L'année suivante, il recevait le même bailli, qui venait tenir ses assises dans sa ville. En 1304, il comparut

(1) *Coutumier*, chap. 63, 64 ; — CHANTEREAU LE FEBVRE, *Traité des fiefs*, Paris, 1662, in-f°, p. 250 ; — D'ARBOIS DE JUBAINVILLE, *ibid.*, p. XXI, XLVII, CXXVII (note 3) ; — *Olim*, t. II, p. 504.

(2) *Coutumier*, chap. 22, 19, 23-24, 7, 9 ; — D'ARBOIS DE JUBAINVILLE, *ibid.*, p. XXI, XLIII.

(3) *Coutumier*, chap. 33 ; — *Reg. des Grands Jours de Troyes*, f° 68 (dans BRUSSEL, *ibid.*, p. 857) ; — *Olim*, t. II, p. 308-309 : « Ista securitas fuit recepta per Johannem de Bello-Monte, Philippum de Bello-Manerio, milites, Guillelmum de Hangest, ballivum Calvi-Montis ».

à l'arrière-ban convoqué pour la guerre de Flandre (1).

29. — Chauderon (messires Guy et Hues), frères, mentionnés plusieurs fois par le Coutumier ; assistaient aux Jours des barons tenus à Châteauvillain en 1289, et au Val-des-Ecoliers le dimanche des Brandons 1290. Quelques jours après, messire Guy et sa fille Marguerite plaidaient à Andelot contre le beau-père de cette dernière, Mathieu de Nonvéant, sire de Tramblecourt, par-devant Guillaume de Hangest, bailli de Chaumont (2).

30. — Choiseul (messire Jehan de), vassal du comte de Champagne, assistait aux Jours des barons tenus le dimanche des Brandons 1290 au Val-des-Ecoliers ; il fut désigné en 1296 (?) par Philippe le Hardi pour siéger à la « chambre aux pléz » au Parlement, et comparut en 1304 à l'arrière-ban de Champagne convoqué pour la guerre de Flandre (3). Faut-il l'identifier avec Jean, sire de Choiseul, mentionné dans diverses chartes, de 1251 à 1259 (4) ?

31. — Conflans (mgr Hugues de), maréchal de Champagne. Dans le jugement non daté cité au chap. 25 du Coutumier, il est difficile de savoir s'il s'agit d'Hugues II, maréchal de Champagne depuis 1268, ou de son fils aîné Hugues III, maréchal après lui, † 1285, ou enfin de son fils cadet Hugues IV, maréchal après Hugues III, jusqu'à l'année 1301. C'est Hugues II, qui prit part à la croisade de 1270, fut présent en 1271 à l'hommage prêté à Philippe le Hardi par le comte de Champagne Henri III, servit de plège en 1277 à Guillaume d'Alemant et Jean de Montigny, et en 1278 à la dame du Bois. C'est Hugues III, qui fut témoin en mars 1284 dans l'enquête relative à la majorité de Jeanne de Navarre, assista en décembre 1284 aux Grands Jours de Troyes, et fit partie de l'expédition d'Aragon, dans laquelle, selon toute vraisemblance, il périt. C'est Hugues IV, qui comparut en 1304 à l'arrière-ban de Champagne convoqué pour la guerre de Flandre (5).

(1) *Coutumier*, chap. 51, 20, 44 ; — D'ARBOIS DE JUBAINVILLE, *ibid.*, p. XXI, XLVII ; — BOUTIOT, *loc. cit.*, p. 7.

(2) *Coutumier*, chap. 20, 63, 64, 36, 65.

(3) *Coutumier*, chap. 63, 64 ; — LANGLOIS, *Textes*, p. 163 ; — BOUTIOT, *ibid.*

(4) CHANTEREAU LE FEVRE, *op. cit.*, p. 244, 246, 248, 259 ; — TEULET ET DE LABORDE, *Layettes du Trésor des Chartes*, t. III, p. 153 ; — *Attornement* d'octobre 1255, publié par PAUL COLLINET, dans la *Nouvelle Revue historiq.*, année 1895, p. 647 et suiv.

(5) *Coutumier*, chap. 25 ; — D'ARBOIS DE JUBAINVILLE, *ibid.*, t. IV, p. 460-461, 494, 523-524 ; — CHANTEREAU LE FEVRE, *ibid.*, p. 269 ; — *Olim*, t. II, p. 101, 114, 119, 159 ; — VIOLLET, *ibid.*, p. 166-167 ; — *Reg. des Grands Jours de Troyes*, f° 17-v° : « Hugone de Confluencio, marescallo Campanie » (dans BRUSSEL, *ibid.*, p. 859-860).

32. — **Dampierre** (Jehan de), troisième fils de Guillaume, seigneur de Dampierre et de Saint-Dizier, et de Marguerite de Flandre, dite de Constantinople. Marguerite, veuve (pour la seconde fois) en 1251, eut en douaire Saint-Dizier, qu'elle garda jusqu'à sa mort, arrivée le 10 février 1280 (1). En 1244, par suite de la mort de sa sœur aînée Jeanne, elle avait hérité du comté de Flandre, qu'elle abandonna en décembre 1278 au second fils né de son second mariage, Guy III de Dampierre, marquis de Namur, tandis que Dampierre et Saint-Dizier restaient à Jean, qui se trouva ainsi à double titre vassal lige du comte de Champagne. Jean de Dampierre avait succédé à son père dans la charge de connétable de Champagne; mais il dut reconnaître en juin 1250 qu'il n'avait sur elle aucun droit héréditaire. En 1253, il avait été fait prisonnier à la bataille de Walcheren. On n'a pas de charte de lui postérieure à avril 1257. Il avait épousé Laure de Lorraine, fille du duc Mathieu II, dont il eut Guillaume de Dampierre, sire de Saint-Dizier, lequel épousa Jeanne de Châlons, héritière de Vignory, et Jean II de Dampierre, seigneur dudit lieu (2).

33. — **Henri III**, dit le Gros, comte de Champagne et roi de Navarre, né à la fin de l'année 1249, marié en juillet 1269 à Blanche d'Artois, nièce de saint Louis, hérita du comté de Champagne et du royaume de Navarre à la mort de son frère Thibaut V, survenue le 4 décembre 1270; il mourut lui-même à Pampelune le 22 juillet 1274 (3).

34. — **Joinville** (Jehan, sire de), sénéchal héréditaire de Champagne, l'ami et l'historien de saint Louis. Né en 1224, il fut attaché très jeune à la cour de Thibaut IV, où il prit le goût des lettres. En 1248, il accompagna saint Louis en Égypte et vécut avec lui, pendant quatre ans, dans une étroite intimité. Rentré en France en 1254, il négocia le mariage de Thibaut V avec Isabelle de France, fille de saint Louis. Il passa la plus grande partie de sa vie dans son château de Champagne, et assista aux Grands Jours de Troyes en 1270, 1271 et 1276. En 1277, il servit de *plège* à Jean de Montigny et Guillaume d'Alemant, gardes des foires de Champagne, et en 1290 à Jean, sire de Chappes. En mars 1284, il déposa dans l'enquête par turbes relative à la majorité de Jeanne de Navarre. La même année, il fut chargé « de garder la terre de Champaigne » pour

(1) C'est d'elle qu'il est question sous le nom de « dame de Saint-Dizier » dans le jugement de 1270 (*Cout.*, chap. 22).

(2) *Coutumier*, chap. 22; — *Olim*, t. II, p. 903, 716-717; — d'Arbois de Jubainville, *op. cit.*, t. II, append., p. cxxvii, et t. IV, p. 493-494; — Langlois, *Phil. le Hardi*, p. 210; — Chantereau Le Febvre, *ibid.*, p. 243.

(3) *Coutumier*, chap. 23-24. — Voir l'histoire de ce prince dans d'Arbois de Jubainville, *ibid.*, t. IV, p. 429-439.

Philippe le Bel, qui était en Aragon avec son père. Il présida à ce titre les Grands jours de Troyes en novembre 1284. Il plaidait à la session de décembre 1284 contre Guillaume du Châtelet (*suprà*, § 10). Il assista à la cour des barons à la Pentecôte 1287, et derechef aux Grands Jours à la Nativité 1291. Il était âgé de près de 80 ans, quand il écrivit, à la prière de Jeanne de Navarre, sa célèbre vie de saint Louis. Il mourut à plus de 92 ans, en 1317 (1).

35. — **Jully** (messire Guillaume, sire de), vassal du comte de Champagne, assiste aux Grands Jours de Troyes en 1270, 1271, en décembre 1284, aux Jours des barons en juin 1287, 1289 et vers 1290, sert de *plège* à Jean de Chappes en 1290, et comparait à l'arrière-ban convoqué pour la guerre de Flandre en 1304 (2).

36. — **Lancastre** (Edmond de), dit « le comte Haymon », frère d'Edouard Ier d'Angleterre et neveu de la reine-mère Marguerite de Provence. Il épousa en secondes noces, en décembre 1275 ou janvier 1276, Blanche d'Artois, veuve d'Henri le Gros, roi de Navarre et comte de Champagne. Il devint ainsi le « parâtre » de Jeanne de Navarre, et, du chef de celle-ci, « baillistre » du comté de Champagne, pour lequel il prêta hommage à Philippe le Hardi en janvier 1276; mais il s'en occupa peu, et en confia le gouvernement à Jean d'Acre (*suprà*, n° 21). C'est sous sa régence qu'eut lieu la révolte, si durement réprimée, des habitants de Provins (1280). Edmond chercha à prolonger son « bail » jusqu'à la 21e année de Jeanne de Navarre; mais Philippe le Hardi fit démontrer par turbes contre lui, en mars 1284, qu'en Champagne les filles étaient majeures à onze ans accomplis. C'était ce que disaient déjà le chap. 5 de l'ancien Coutumier et un jugement de 1278 rendu par Jean d'Acre lui-même aux Grands Jours de Troyes. Edmond traita alors, et abandonna « le bail » le 17 mai 1284. Il mourut à Bayonne en 1296, et sa veuve, Blanche d'Artois, à Vincennes en 1302 (3).

37. — **Marcueil** (messire Beraud de), aliàs *Mercœur*, *Beraudus de Mercorio*, fils de Beraud VIII, dit le Grand, et de Béatrix de Bourbon, se trouvait cousin par sa mère d'Henri III de Navarre. Il plaidait au Parlement en 1263 et 1264 contre l'évê-

(1) *Coutumier*, chap. 22, 19, 23-24, 13, 61, 7, 9; — *Reg. des Grands Jours*, f° 17 v°, dans Brussel, *ibid.*, p. 859 et 860; — Viollet, *ibid.*, p. 167; — d'Arbois de Jubainville, t. IV, p. 356-357, 488, 563; — *Olim*, t. II, p. 101 et 308; — Boutiot, *ibid.*, t. I, p. 486-487.

(2) *Coutumier*, chap. 22, 19, 23-24, 7, 9, 20, 36; — Brussel, *ibid.*; — *Olim*, t. II, p. 308; — Boutiot, *ibid.*, t. II, p. 8.

(3) *Coutumier*, chap. 5, 42; — d'Arbois de Jubainville, t. IV, p. 446-454; — Langlois, *Phil. le Hardi*, p. 36, 177, 249; — Viollet, *ibid.*, p. 166-168.

que de Clermont. En 1268, il épousa Blanche de Châlons, veuve de Guichard V, seigneur de Beaujeu, et fille de Jean de Châlons, seigneur de Salins et ancien comte de Chalon-sur-Saône; il devint ainsi le beau-frère d'Etienne de Châlons, sire de Vignory (nº 26). En 1269, il servit de *plège* au comte de Forez, à propos de la succession à la seigneurie de Beaujeu. En juin 1270, il était administrateur des domaines que possédait le futur Henri III dans le comté de Champagne. Quelques mois après, il fut nommé gouverneur du comté, dont ce prince venait d'hériter. Il présida à ce titre les Grands Jours de Troyes en 1271. Il était encore en fonctions en 1274. Il mourut avant 1290 et probablement avant 1285 (1).

38. — Norroye (messire Jehan de la) assiste aux Grands Jours de Troyes en 1270 et 1271, et à la Cour des barons en juin 1287 (2).

39. — Plessis (messire Gautier du), vassal du comte de Champagne, assiste aux Grands Jours de Troyes en 1270 et 1271, et aux Jours des barons en juin 1287 (3).

40. — Roches (messire Gautier de) assiste aux Jours des barons tenus au Val-des-Ecoliers le dimanche des Brandons 1290; est appelé par Philippe-le-Bel à faire partie de la « chambre aux pléz » au Parlement, en 1296 (4).

41. — Roucy (Jean III de Pierrepont, comte de), *comes Rociaci*, « li quens de Roucy », l'un des sept *pairs* du comté de Champagne, fils de Jean II de Pierrepont et de Marie de Dammartin, assiste aux Grands Jours de Troyes en 1270, et cherche sans succès, en 1276 et 1279, à se soustraire à la juridiction des baillis royaux en matière de nouvelle dessaisine. Il mourut en 1284. Il avait épousé Isabelle de Mercœur, sœur de Beraud de Mercœur, gouverneur de Champagne sous Henri III, et en avait eu un fils nommé Jean IV (5). — Jean IV, mari de Jeanne de Dreux, comtesse de Braine, plaidait en 1291 au Parlement contre son beau-frère, le comte de Dreux; il mourut en 1304 (6).

(1) *Coutumier*, chap. 23-24; — *Olim*, t. I, p. 554, 591, 297; — D'ARBOIS DE JUBAINVILLE, *ibid.*, t. IV, p. 461-462.

(2) *Coutumier*, chap. 19, 23-24, 7, 9.

(3) *Coutumier*, chap. 19, 22, 23-24, 7, 9. — Ancel du Plessis figure parmi les signataires de la charte de 1224 (*ibid.*, chap. 1).

(4) *Coutumier*, chap. 63, 64, 36; — LANGLOIS, *Textes*, *op. cit.*, p. 163.

(5) *Coutumier*, chap. 19, 22 (d'après P); — D'ARBOIS DE JUBAINVILLE, *ibid.*, t. II, append., p. XXVIII, CXXII; — *Olim*, t. II, p. 61, 80, 134, 325. — Jean II figure parmi les signataires de la charte de 1224 (*Coutumier*, chap. 1).

(6) Nous n'avons pas de renseignements sur : Philippe de Tyrce (1270), Jehan de Mellot (1289), Guy de Marfois, Giraud de Montegney, Gilles et Robert de Nogent, Geoffroy de Visennecourt, etc., cités aux chap. 22, 19, 20, 63-64.

§ III. — Officiers du comté de Champagne.

42. — **Alexandre** (messire Guillaume), bailli de Troyes en 1240 et de nouveau en 1246, bailli de Provins en 1264, de Troyes en 1269, réunit Troyes et Provins en mai 1271, perd Provins et le ressaisit en 1273, conserve enfin le double bailliage de Troyes et Provins jusqu'en février 1276. Il était bailli de Châlons en 1289, époque à laquelle il assista à la Cour des barons tenue à Châteauvillain (1).

43. — **Châtelet** (Guillaume de); cfr. *suprà*, § 10.

44. — **Chaumont** (Hugues de), ancien prévôt de Troyes, assiste en 1278 aux Grands Jours tenus dans cette ville. Il est alors qualifié « bailli de Champagne »; il était sans doute déjà bailli de Vitry, où on le retrouve en 1283. Il est condamné la même année au parlement de la Toussaints à une amende de 200^{ll} envers le roi et de 200^{ll} envers l'archevêque de Sens, pour excès commis contre la ville de Brinon, quand il était prévôt de Troyes. Il n'était plus bailli de Vitry en décembre 1284, époque à laquelle il assistait aux Grands Jours; il le redevient en 1285 (2).

45. — **Hangest** (Guillaume de); cfr. *suprà*. § 10.

46. — **Malemaison** (messire Pierre de la) assiste aux Grands Jours de Troyes en 1270 et 1271; est bailli de Vitry en 1273 et 1276, et témoin en mars 1284 dans l'enquête par turbes relative à la majorité de Jeanne de Navarre (3).

47. — **Pierre-Chastel** (Vincent de), chancelier de Champagne de 1277 à 1281, sous Edmond de Lancastre, qui rétablit cette charge pour lui, assiste en cette qualité aux Grands Jours de Troyes en 1278; il n'était plus chancelier lorsqu'il assista de nouveau aux Grands Jours en décembre 1284 (4).

48. — **Pusvilains** (Guillaume de), bailli de Champagne en 1278, assiste en cette qualité aux Grands Jours de Troyes; son siège est inconnu (5).

49. — **Saint-Berain** (Wiart de), ancien bailli de Langres, assistait aux Jours des barons tenus au Val-des-Ecoliers en

(1) *Coutumier*, chap. 20; — A. Lefèvre, *Les baillis de Brie*, *loc. cit.*, p. 186-187; — d'Arbois de Jubainville, *op. cit.*, t. IV, p. 483, 484, 486.

(2) *Coutumier*, chap. 5; — *Olim*, t. II, p. 232 : « Cum Hugo de Calvomonte, quondam prepositus Trecensis, diù est... »; — Brussel, *ibid.*, p. 860, 486; — d'Arbois de Jubainville, *ibid.*, p. 485.

(3) *Coutumier*, chap. 19, 22, 23-24; — d'Arbois de Jubainville, *ibid.*, p. 485 et 486; — Viollet, *loc. cit.*, p. 167.

(4) *Coutumier*, chap. 5; — d'Arbois de Jubainville, *ibid.*, p. 529, — Brussel, *ibid.*, p. 859.

(5) *Coutumier*, chap. 5. Seul, le ms. A lui attribue le siège de Chaumont.

1290, et plaidait contre Guillaume du Châtelet en 1291 et 1295 (1).

50. — Villeblovain (Jehan de), chevalier, bailli de Meaux et Provins en 1277, de Vitry en 1284, de Troyes-Meaux-Provins en 1287, assiste en cette dernière qualité aux Grands Jours de Troyes tenus à la Nativité 1287 (2).

ÉMILE CHÉNON.

(1) *Coutumier*, chap. 63, 64; — cfr. § 10.

(2) *Coutumier*, chap. 33; — A. LEFÈVRE, *loc. cit.*, p. 187, 188; — BRUSSEL, *ibid.*, p. 491; — D'ARBOIS DE JUBAINVILLE, *ibid.*, p. 485.

TABLE

Paris, 8 décembre 1906.

BAR-LE-DUC. — IMPRIMERIE CONTANT-LAGUERRE.

www.ingramcontent.com/pod-product-compliance
Ingram Content Group UK Ltd.
Pitfield, Milton Keynes, MK11 3LW, UK
UKHW031946260826
14628UKWH00004B/1882

9 782013 450423